This Book Belongs To:

_____

I CHOOSE TO BE PROUD OF MYSELF

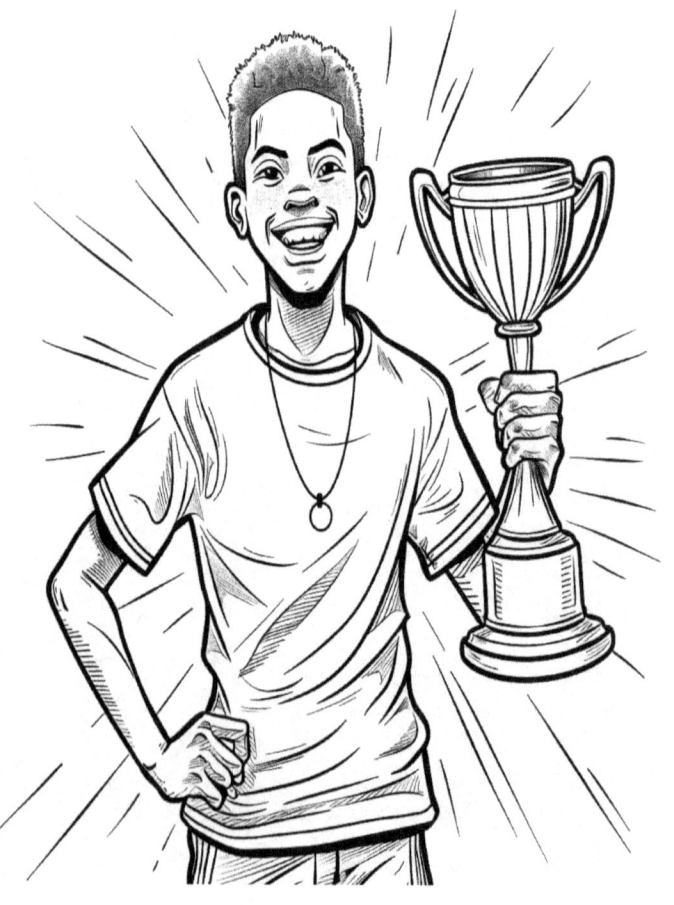

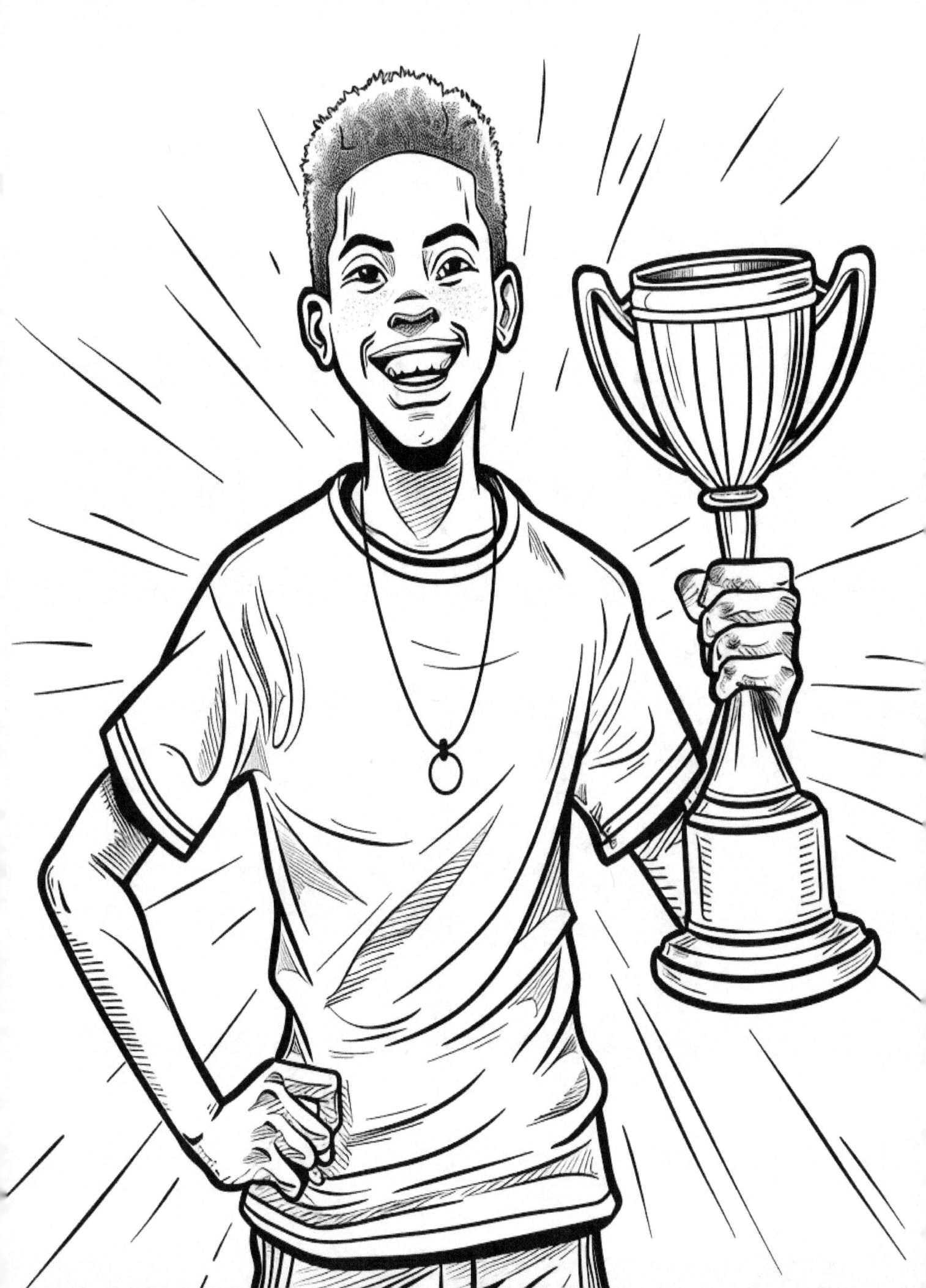

I AM UNSTOPPABLE

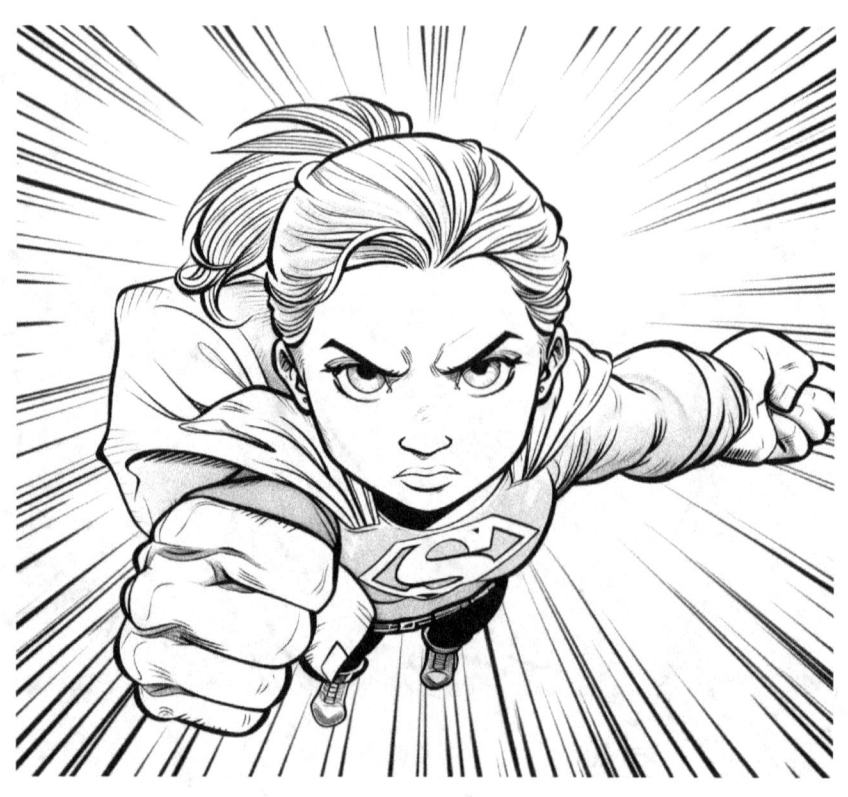

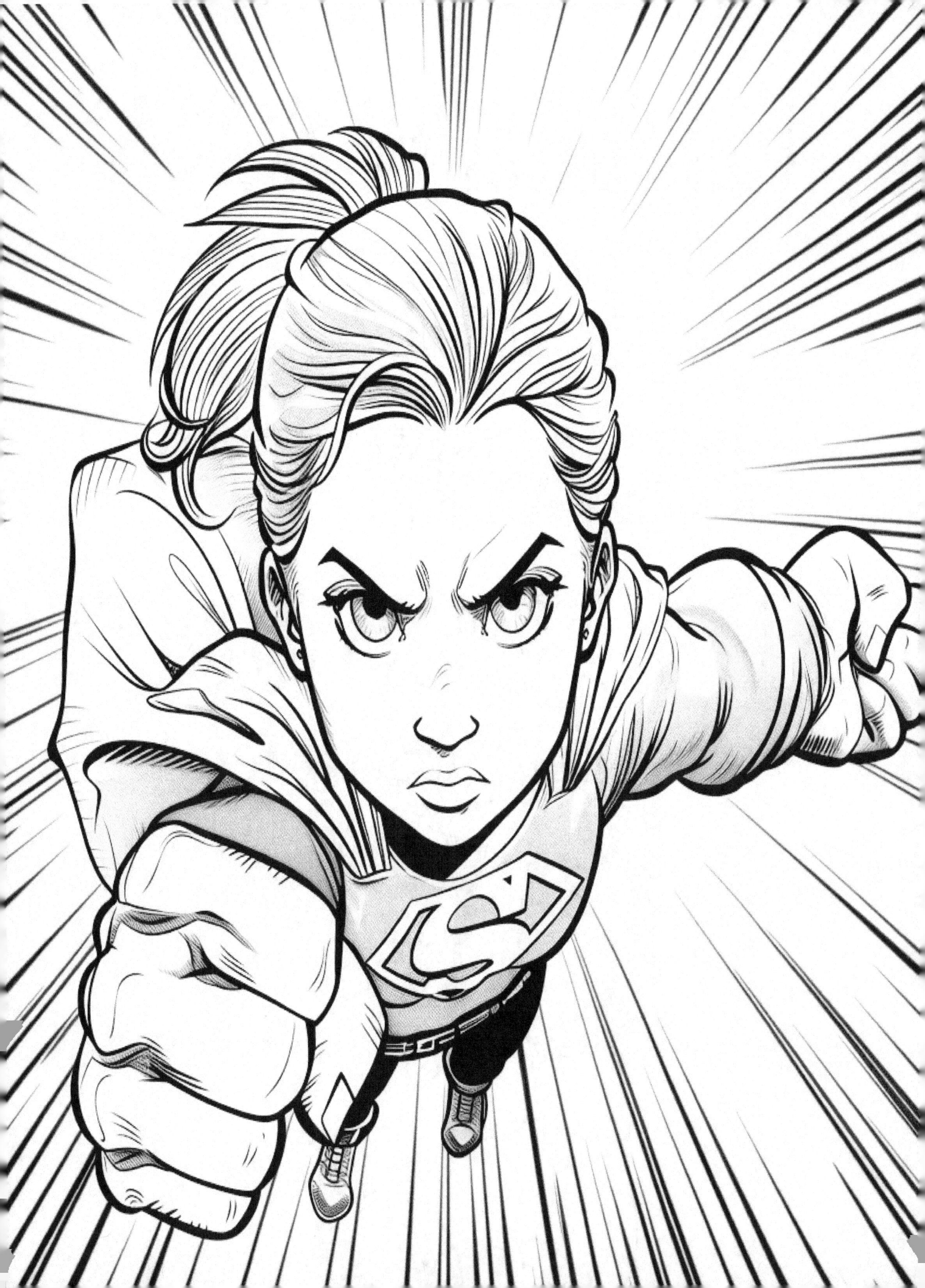

I AM AWAKE AND READY TO BE AWESOME.

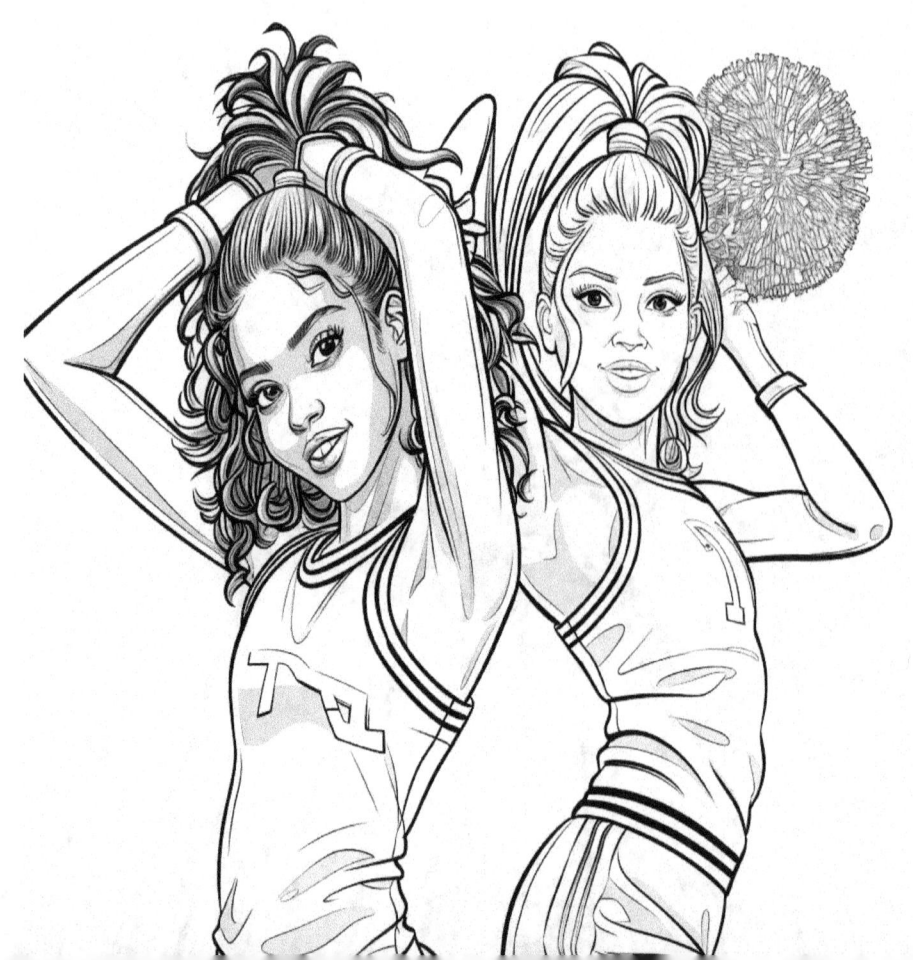

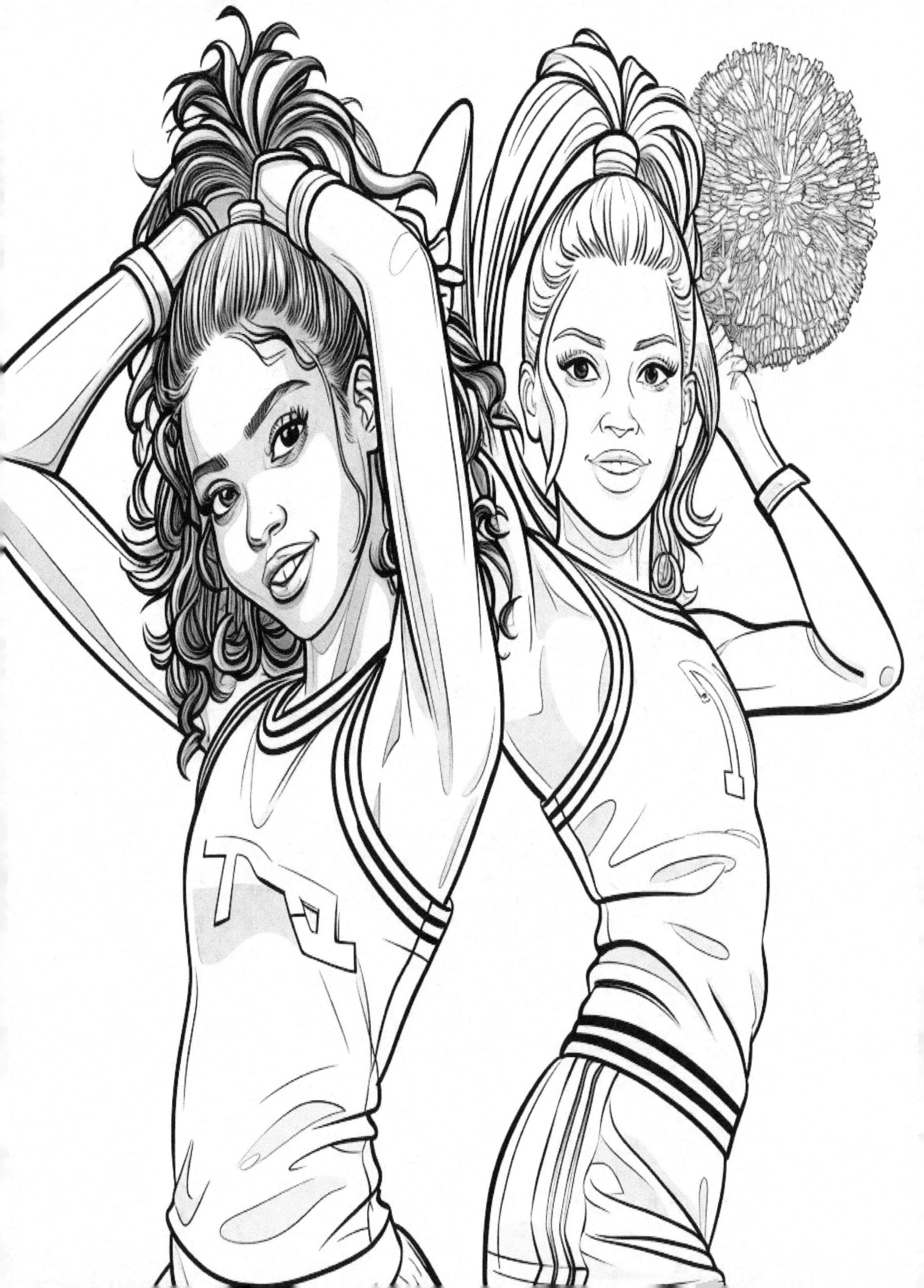

I AM THANKFUL FOR THE THE LITTLE THINGS

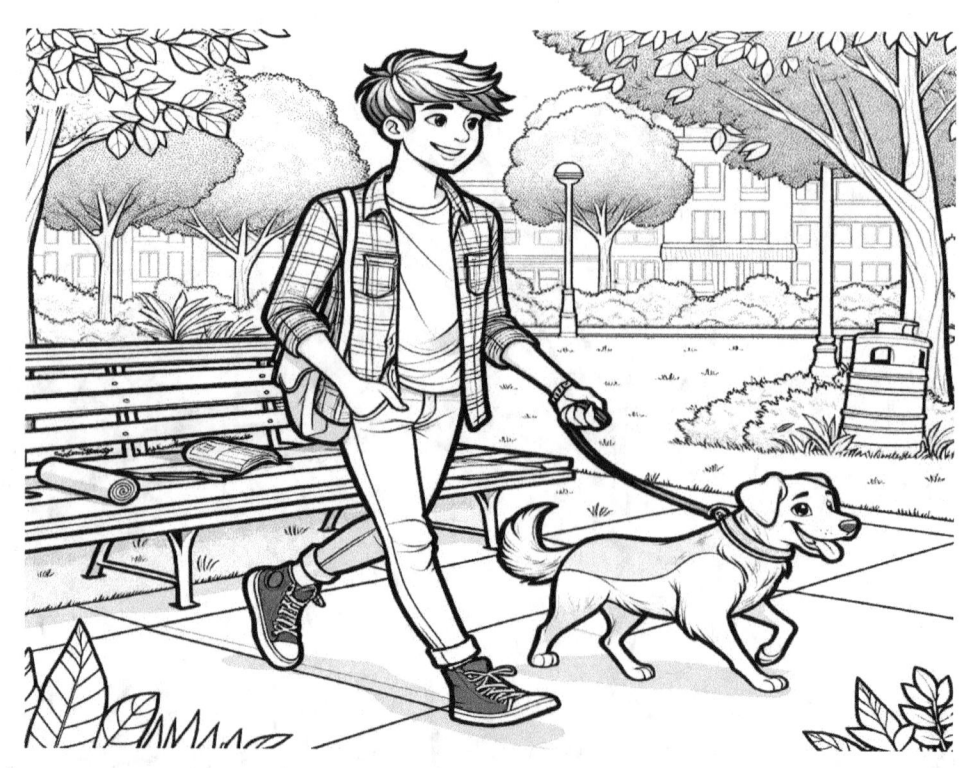

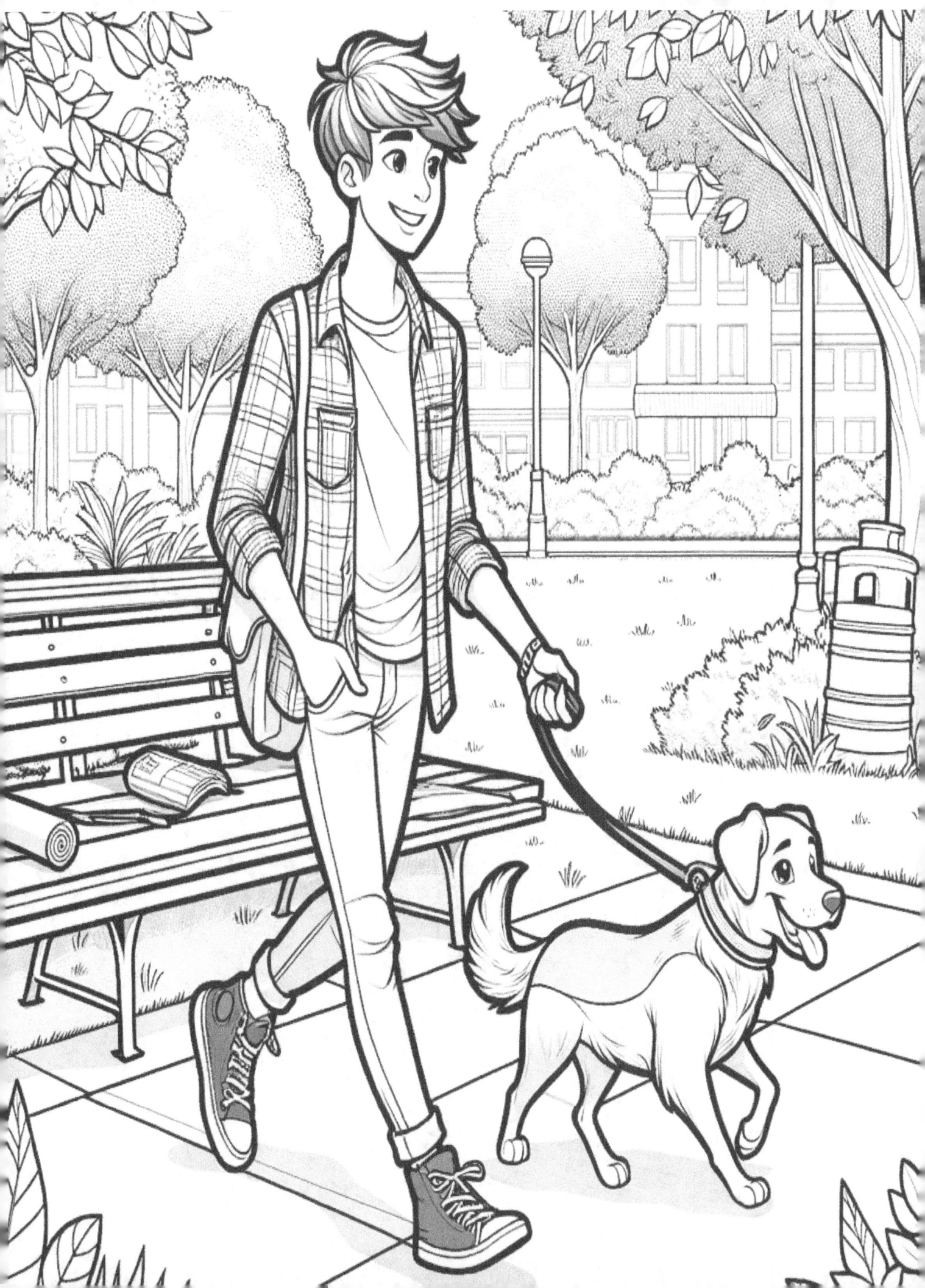

I CHOOSE TO MAKE TODAY AMAZING.

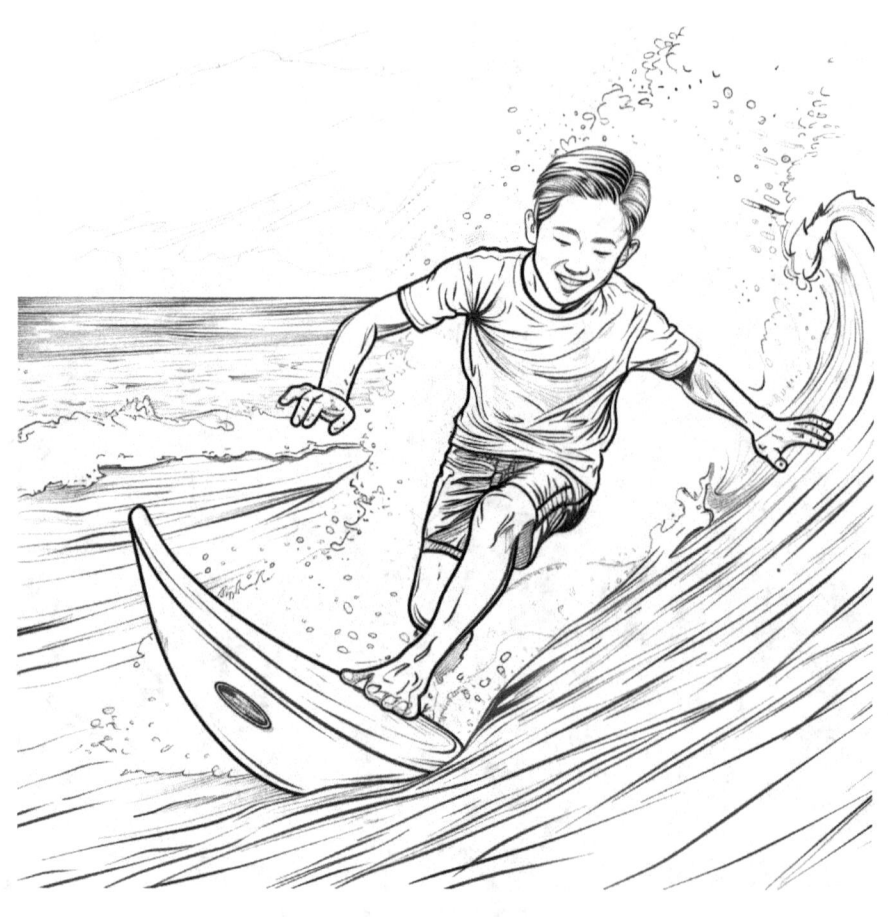

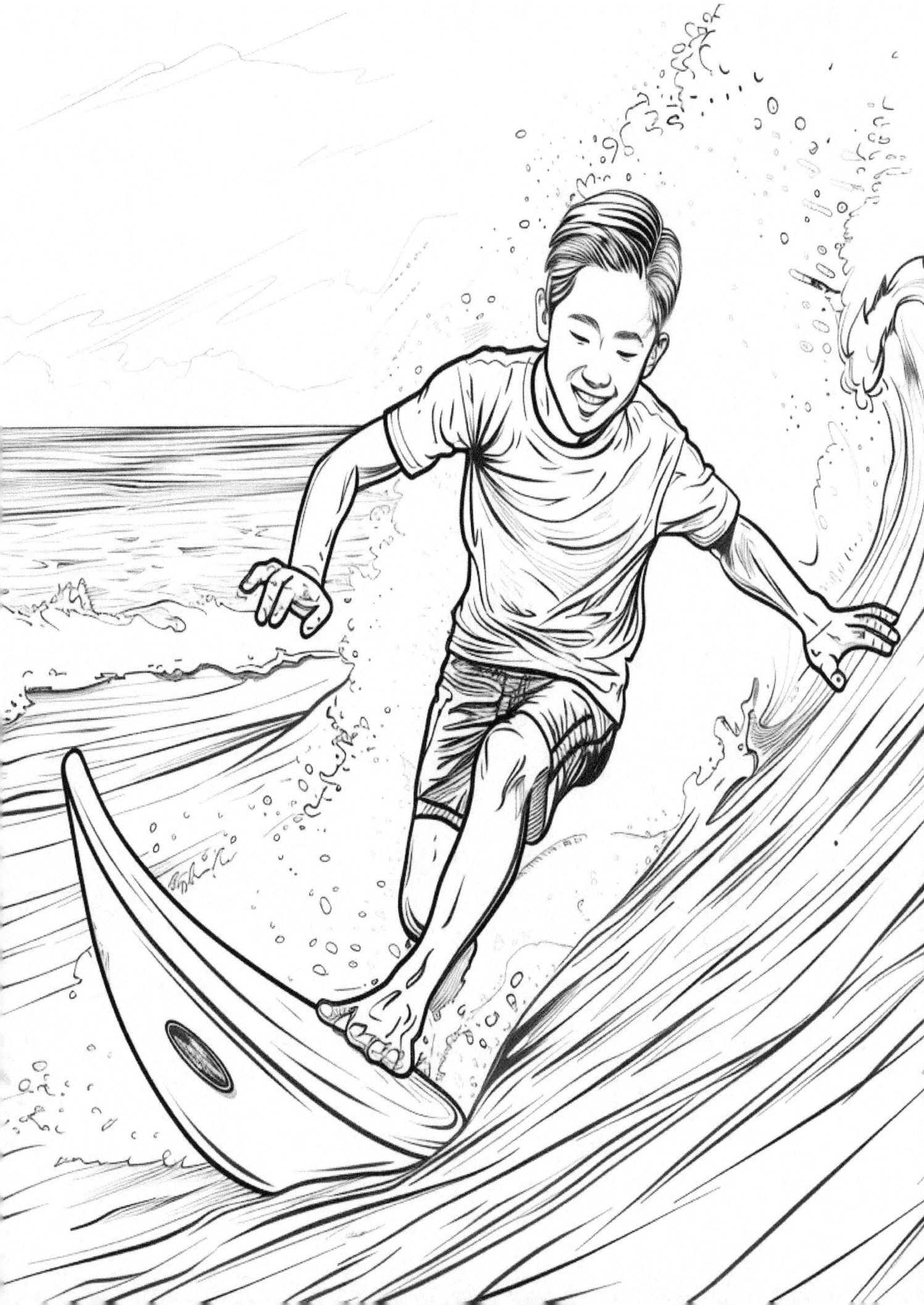

I AM
COURAGOUS

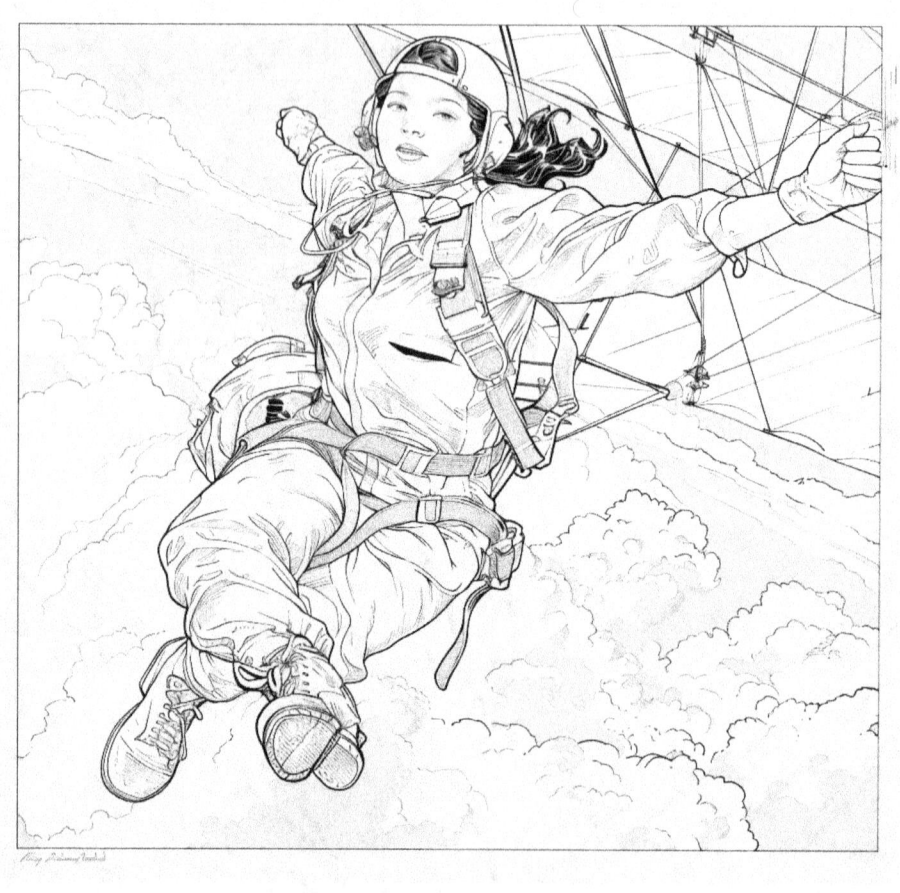

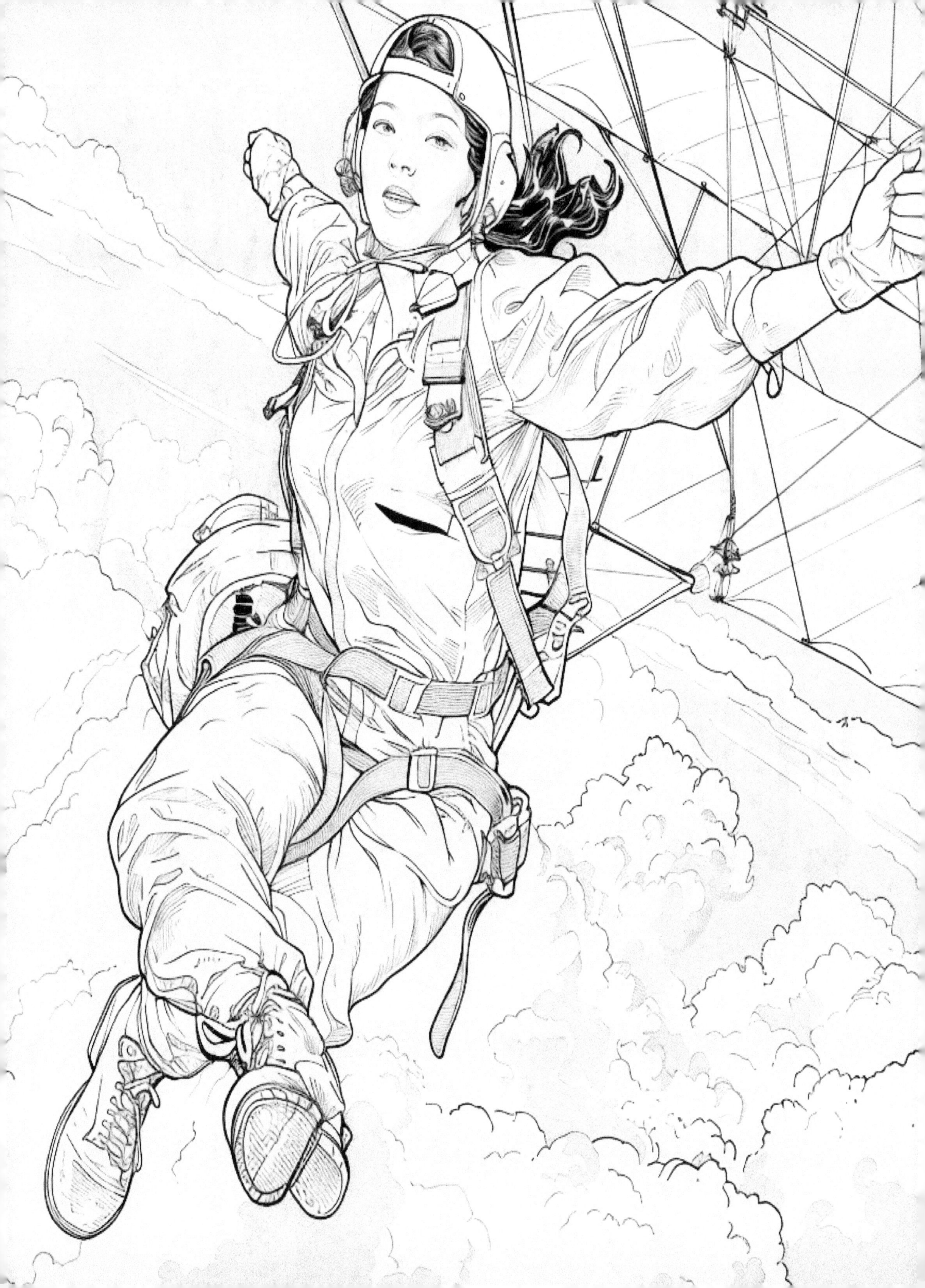

MY HARD WORK IS ALREADY PAYING OFF

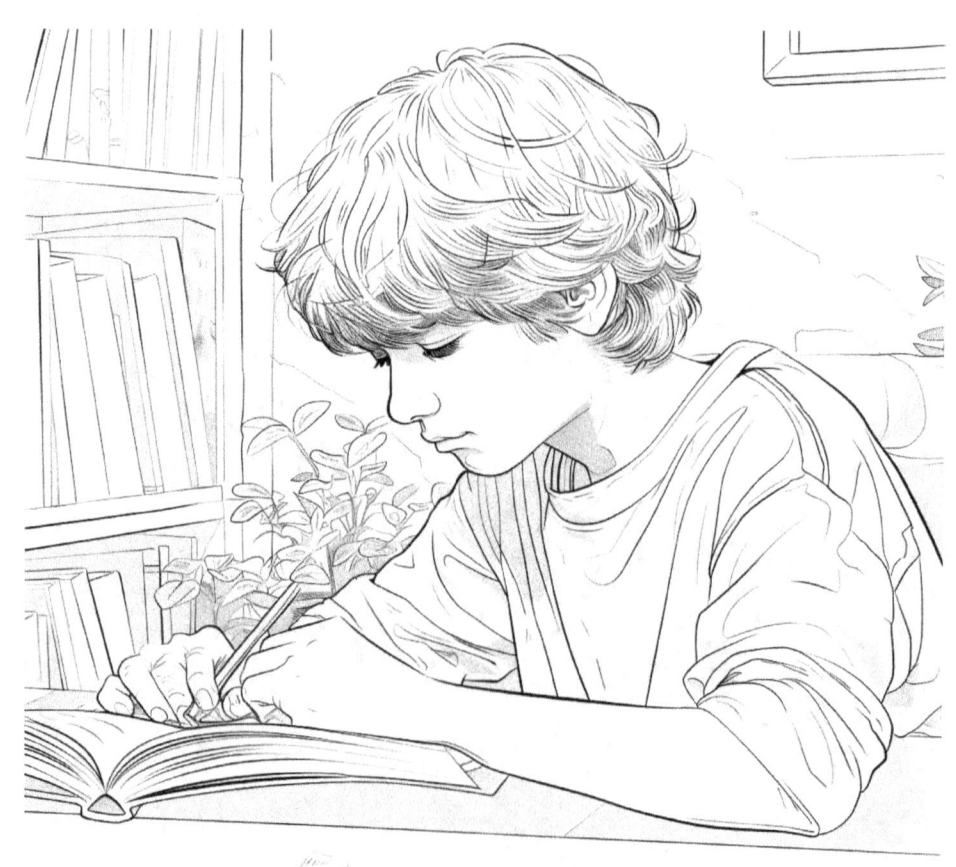

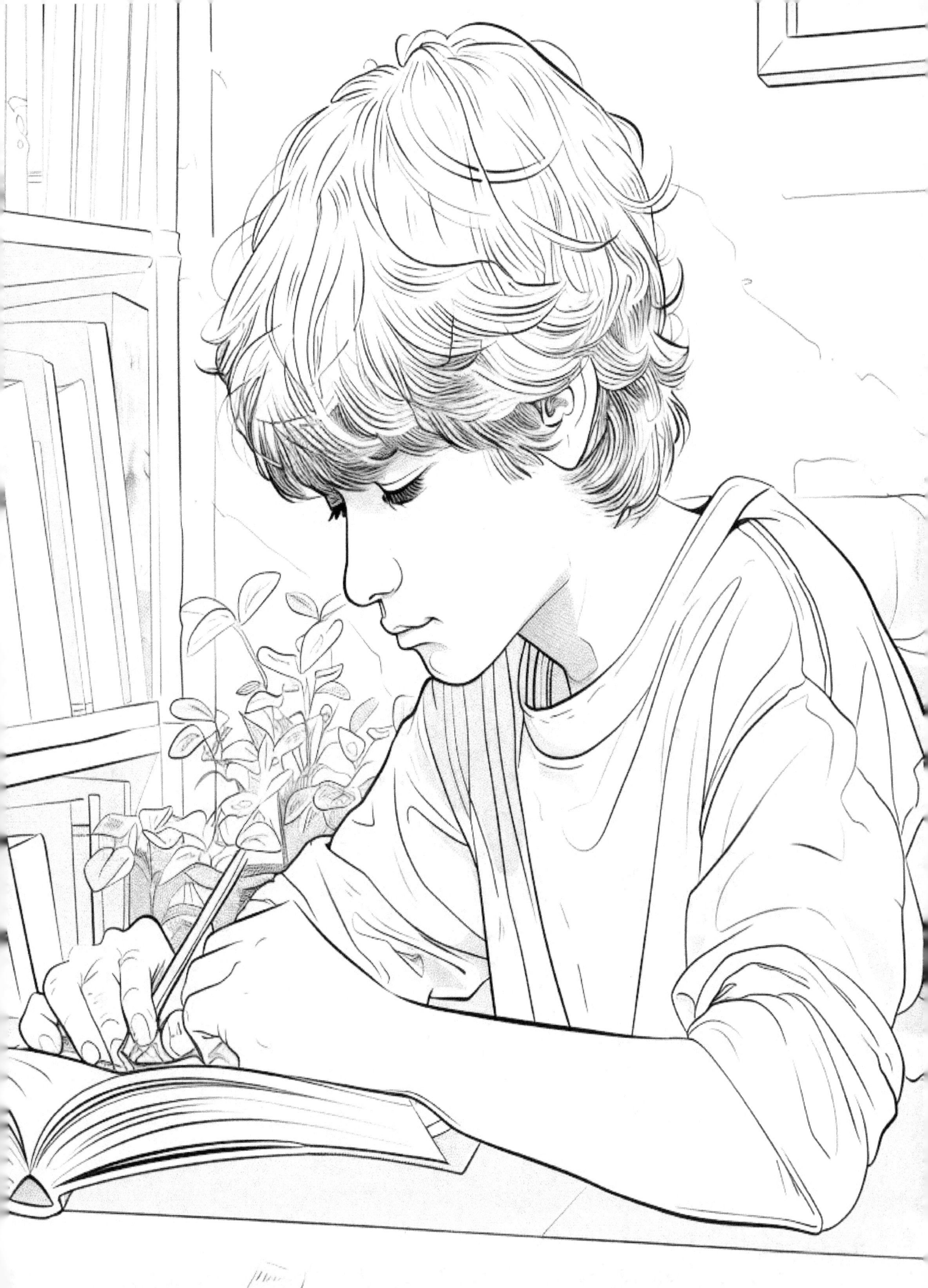

I CAN SHOW KINDNESS TO OTHERS

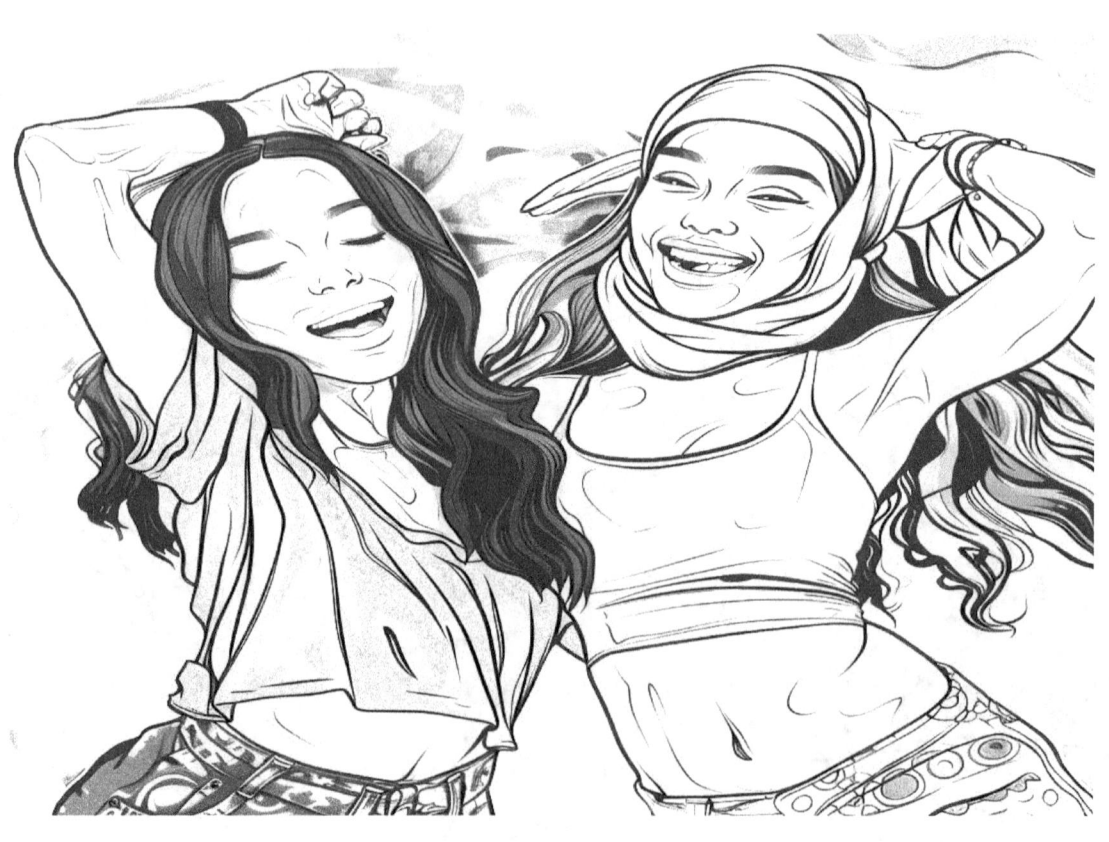

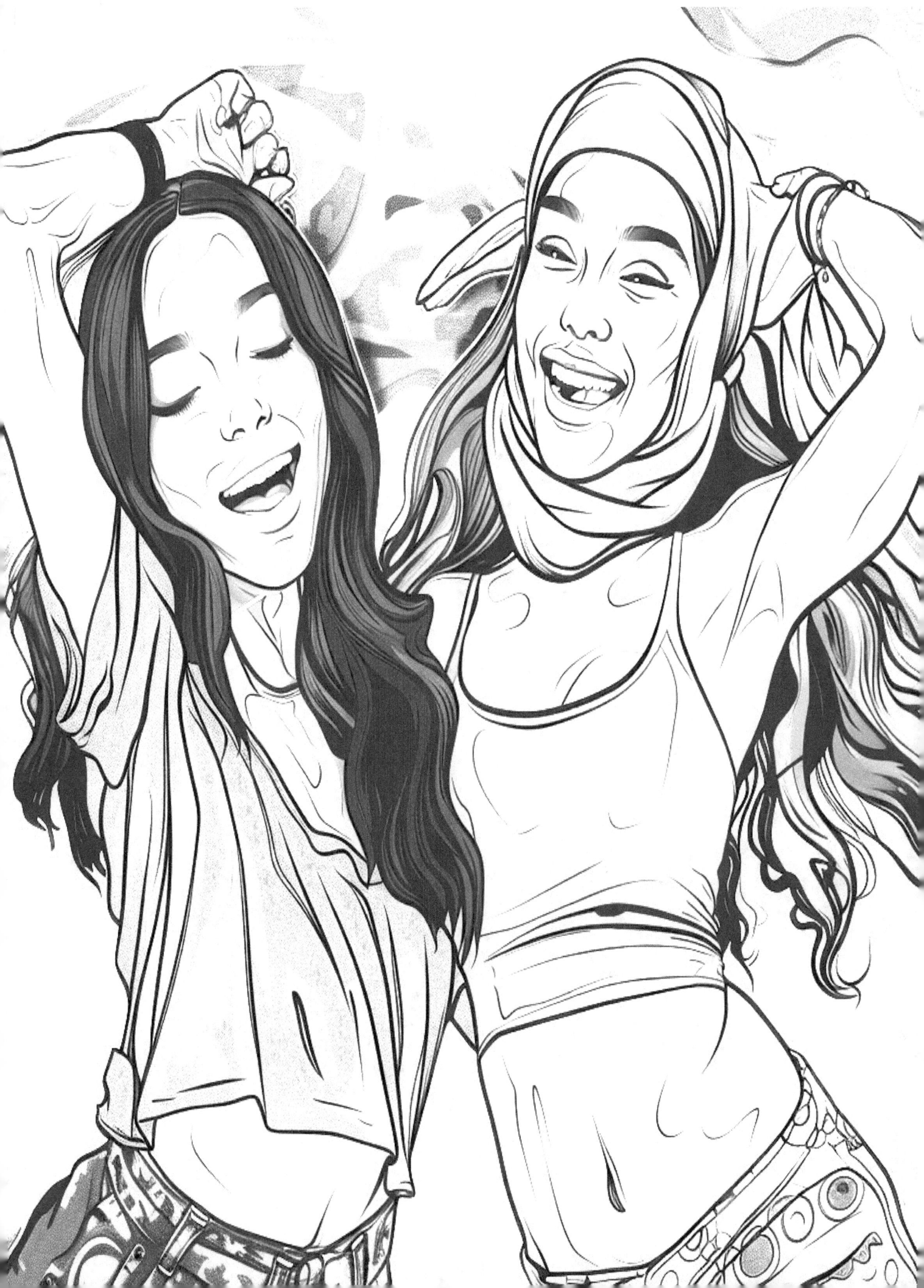

I AM THANKFUL FOR FAMILY

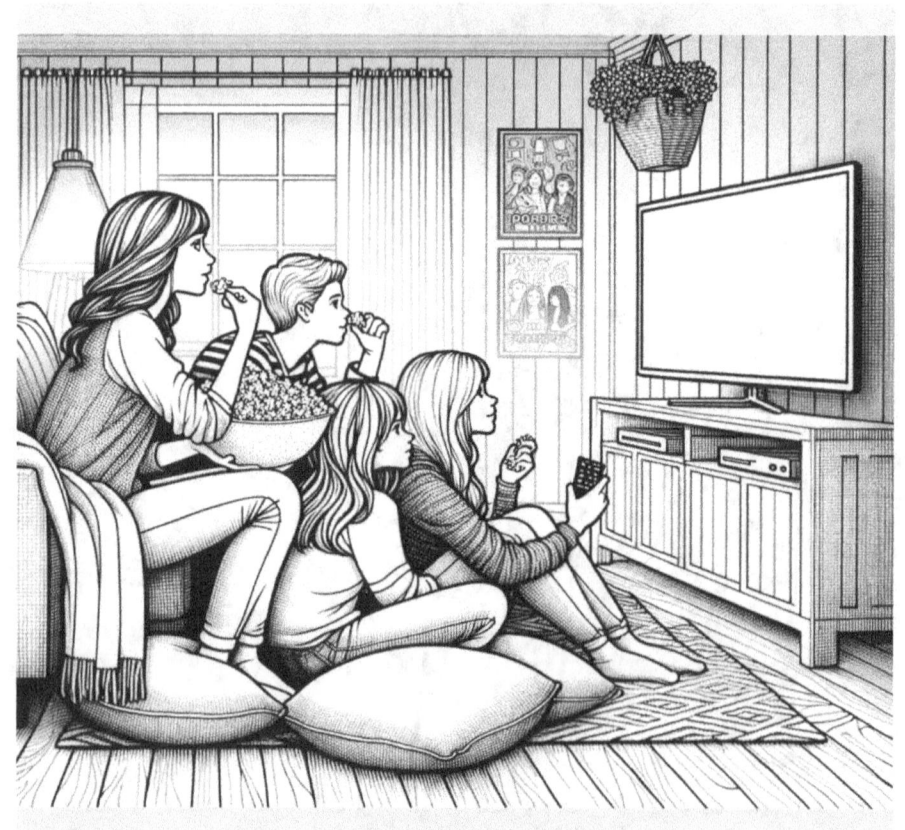

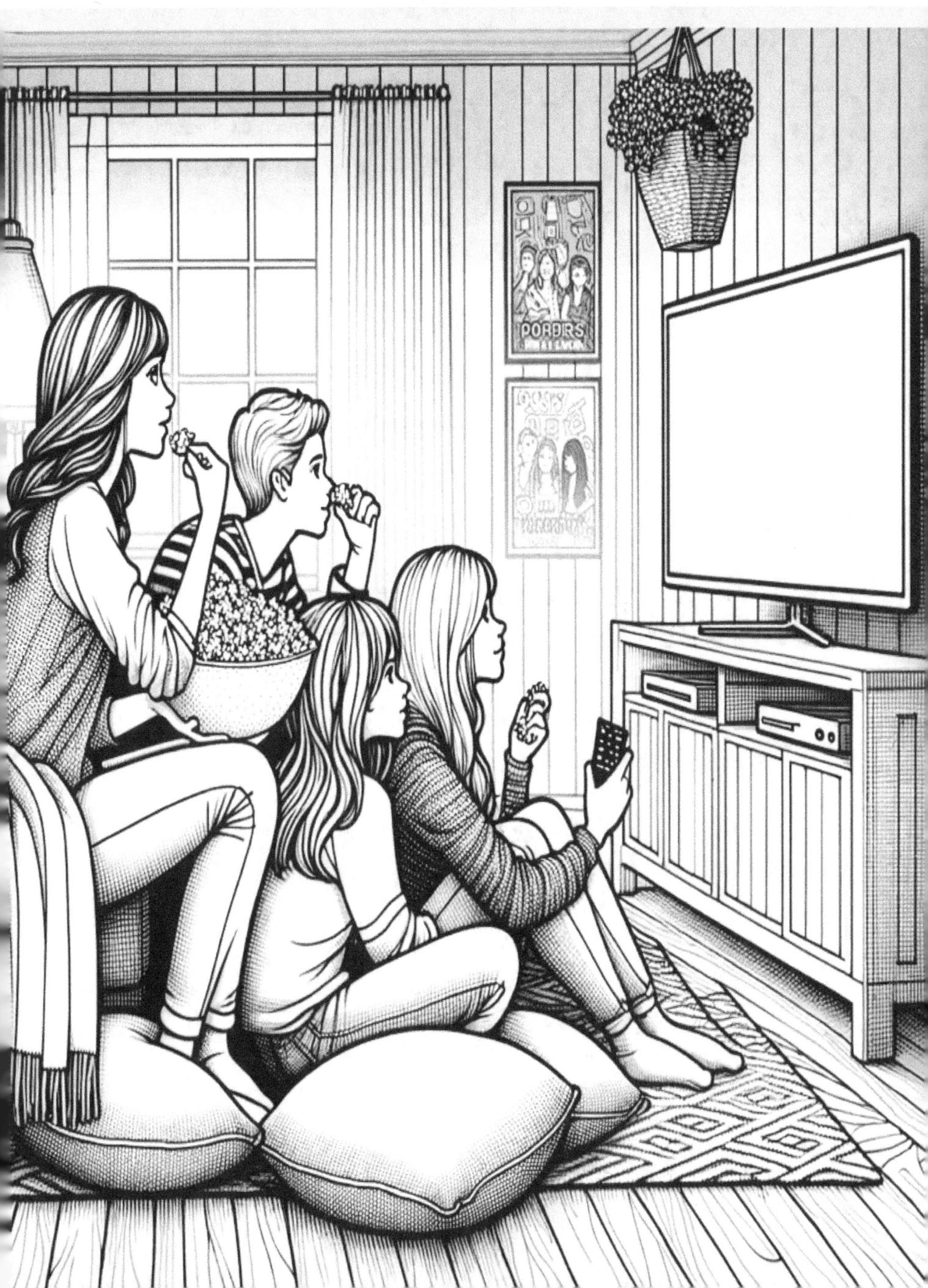

I CHOOSE TO BE HAPPY

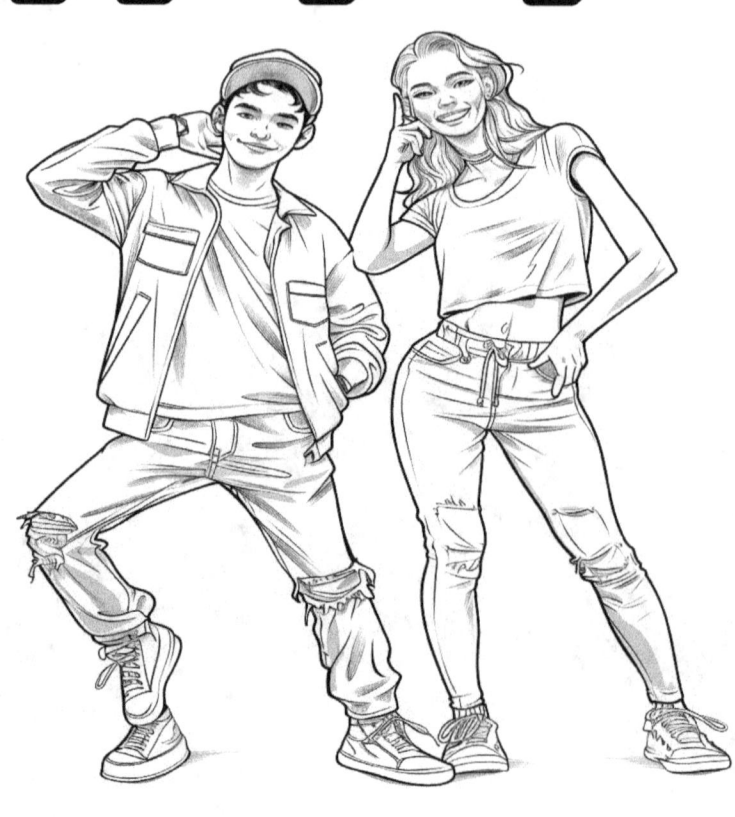

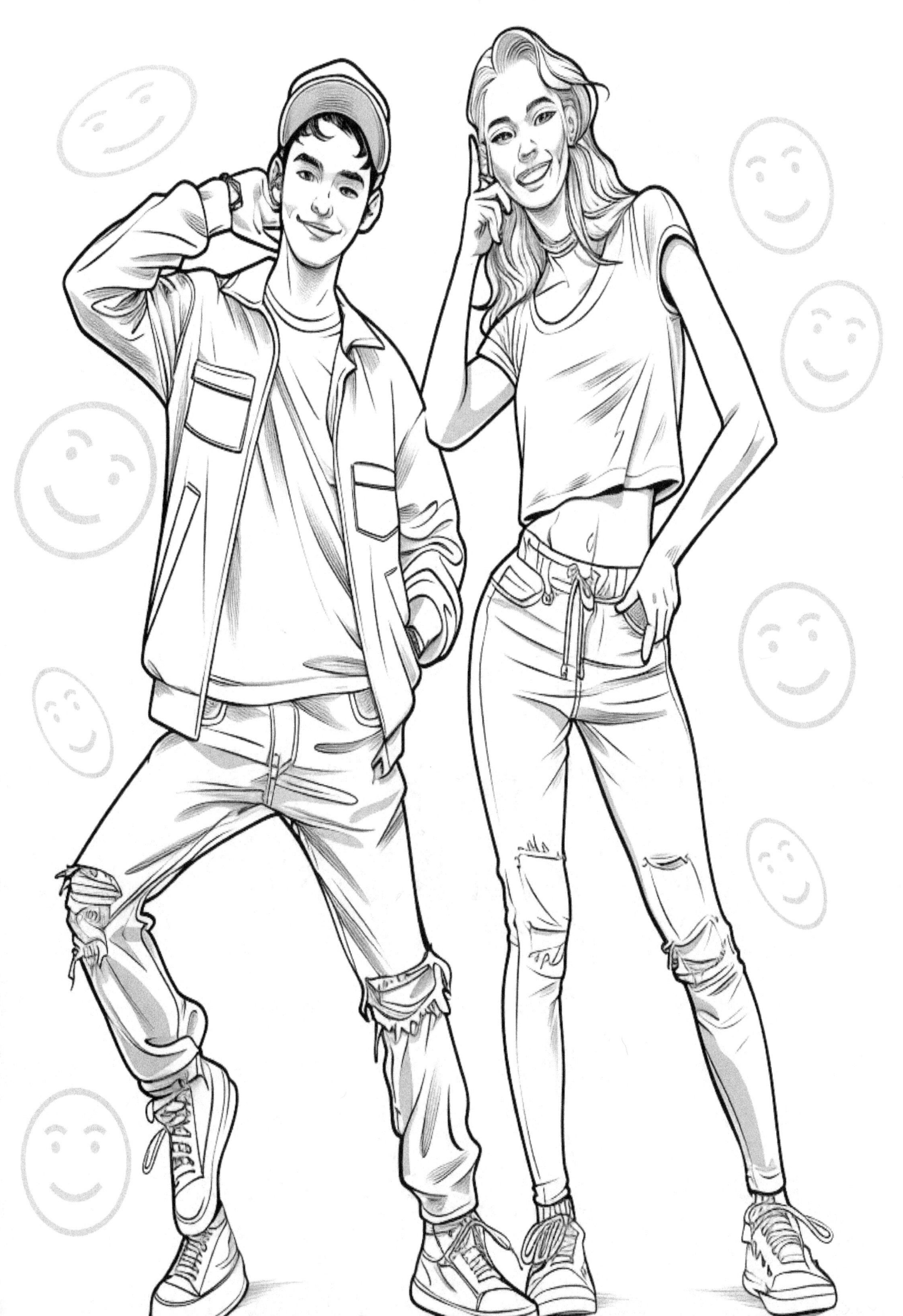

I CAN FIND PEACE THROUGH PRAYER AND MEDITATION

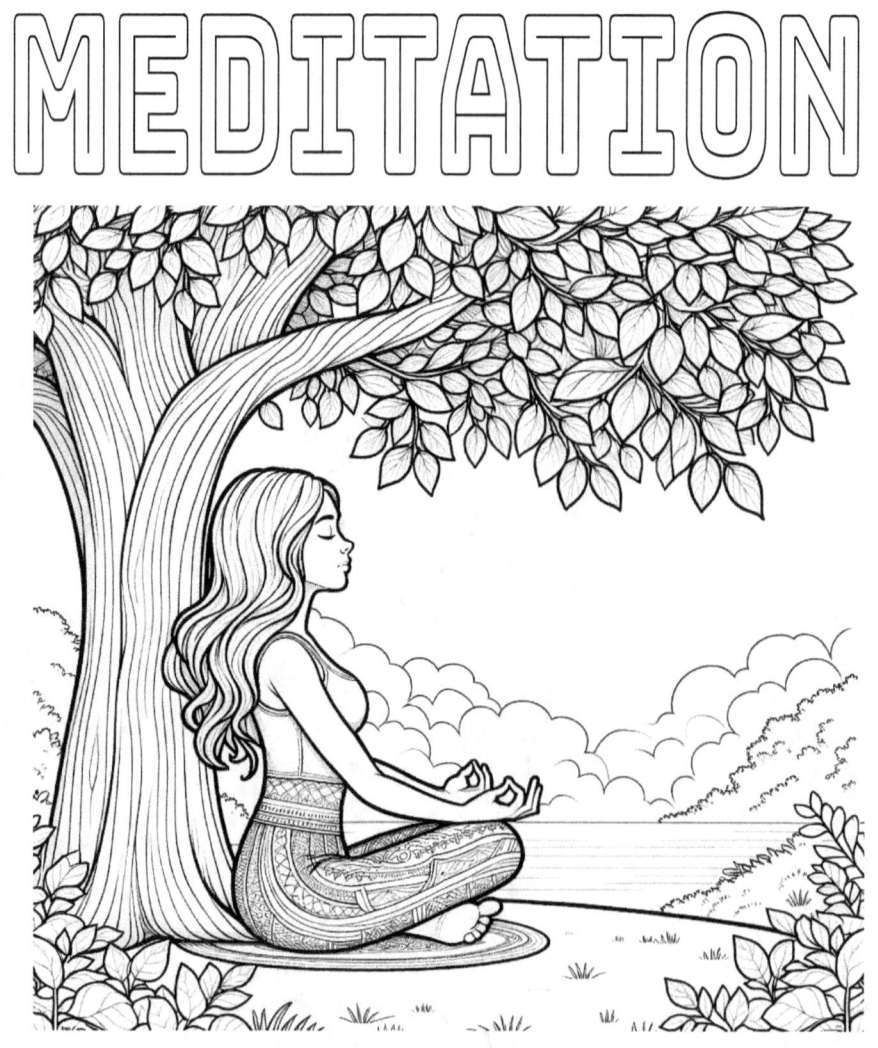

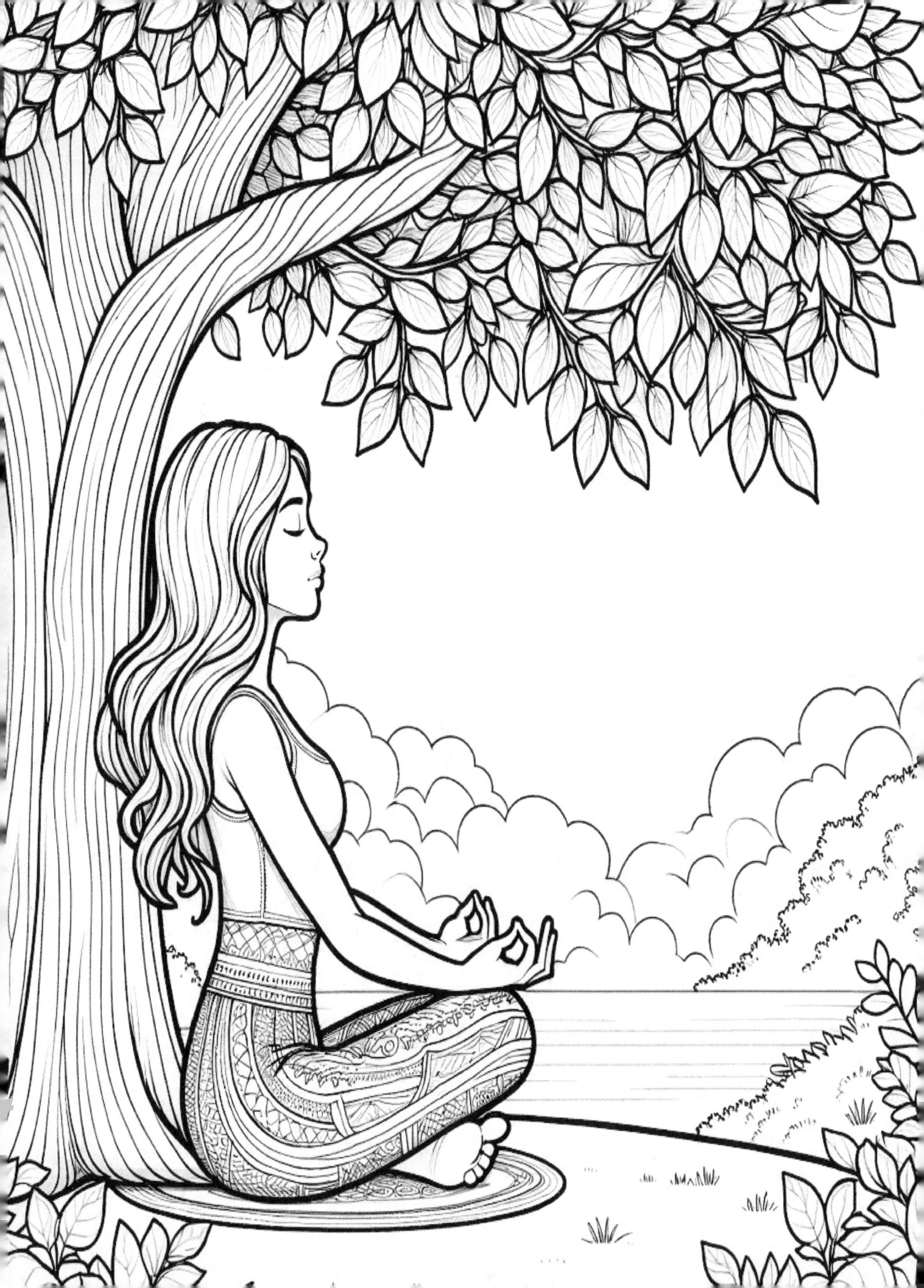

MY SPIRIT IS BEAUTIFUL.

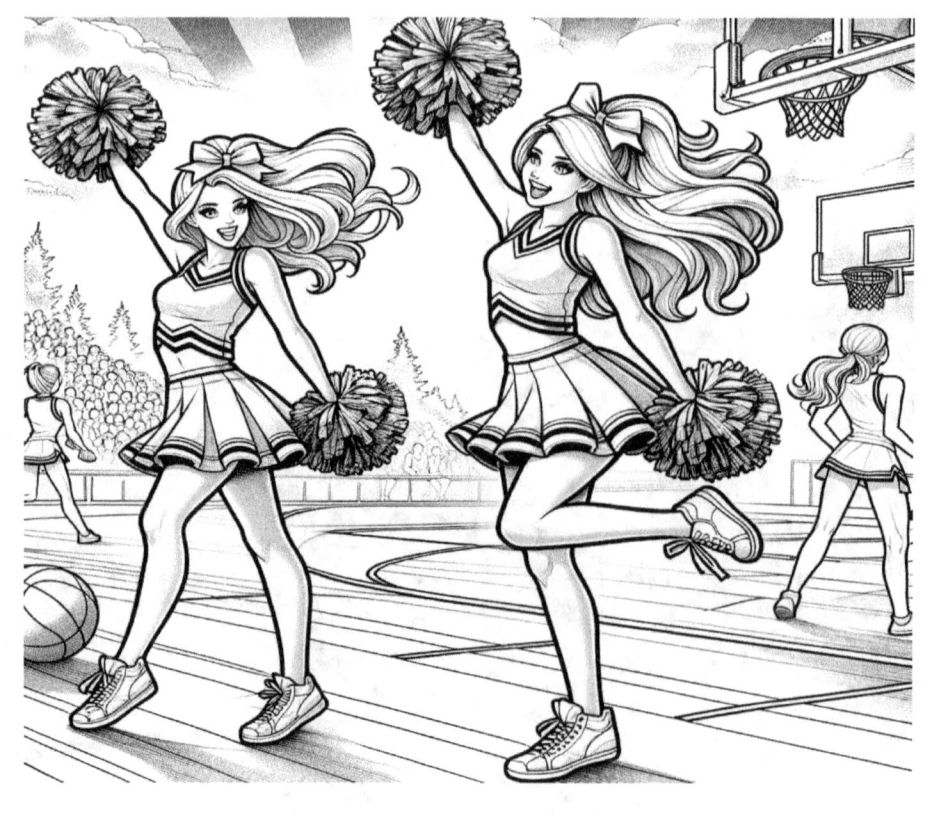

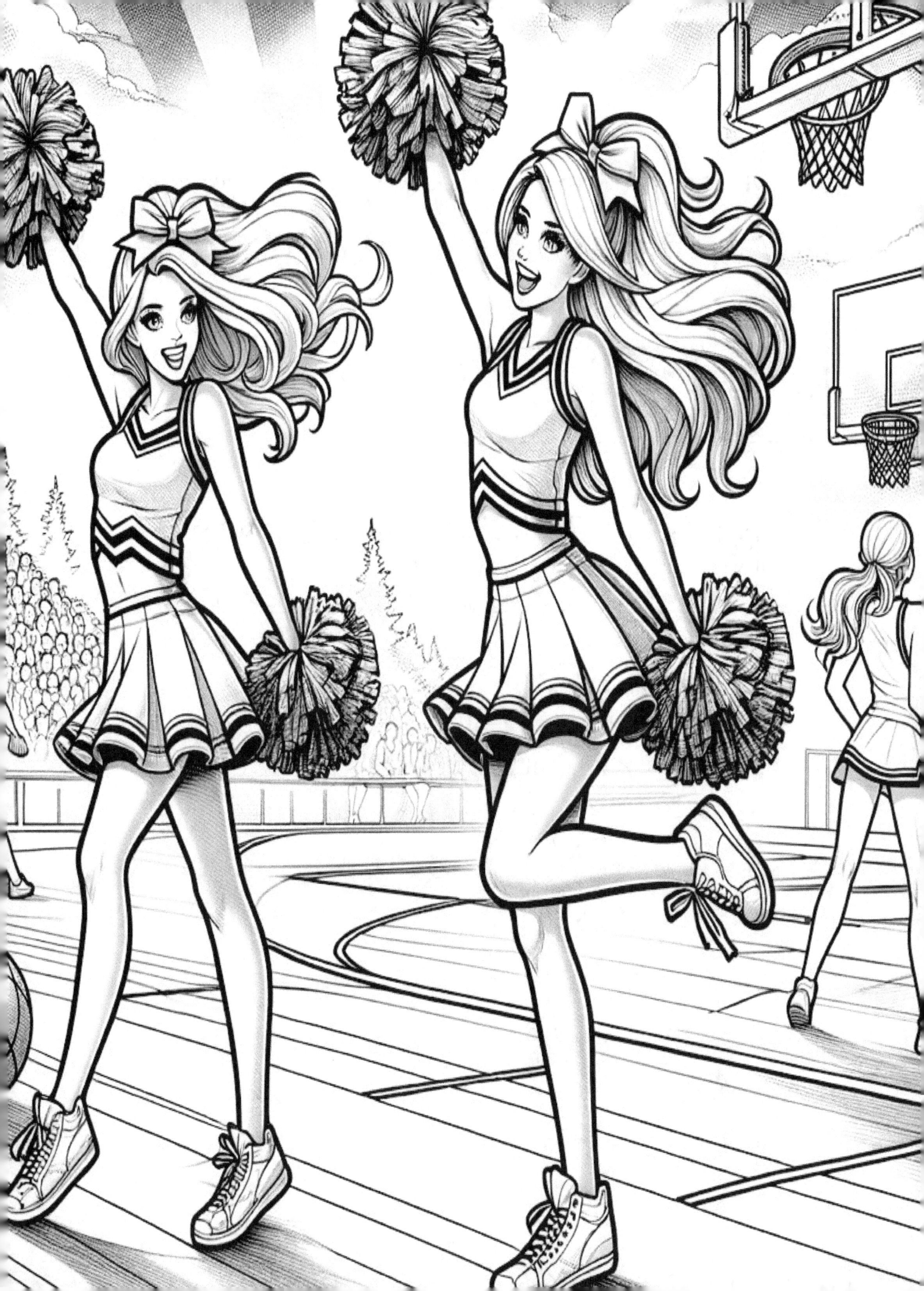

I AM BECOMING BETTER AND BETTER

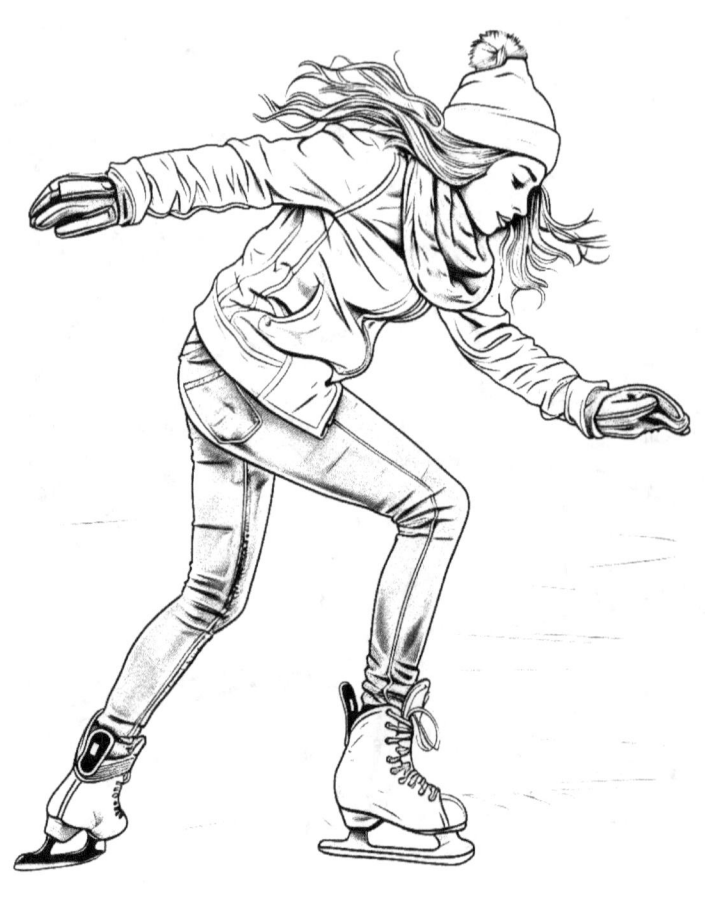

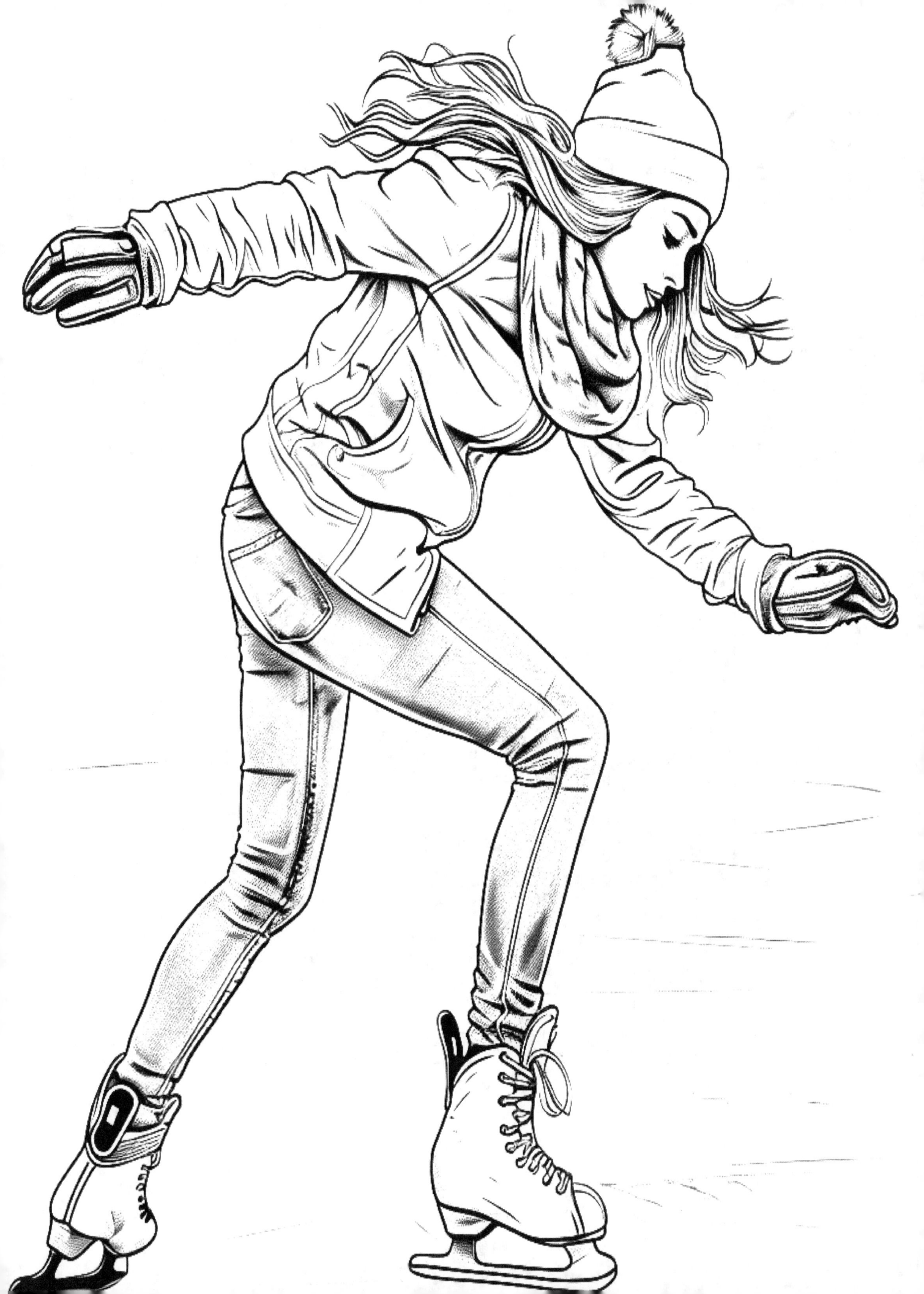

Today, I Will Celebrate Me.

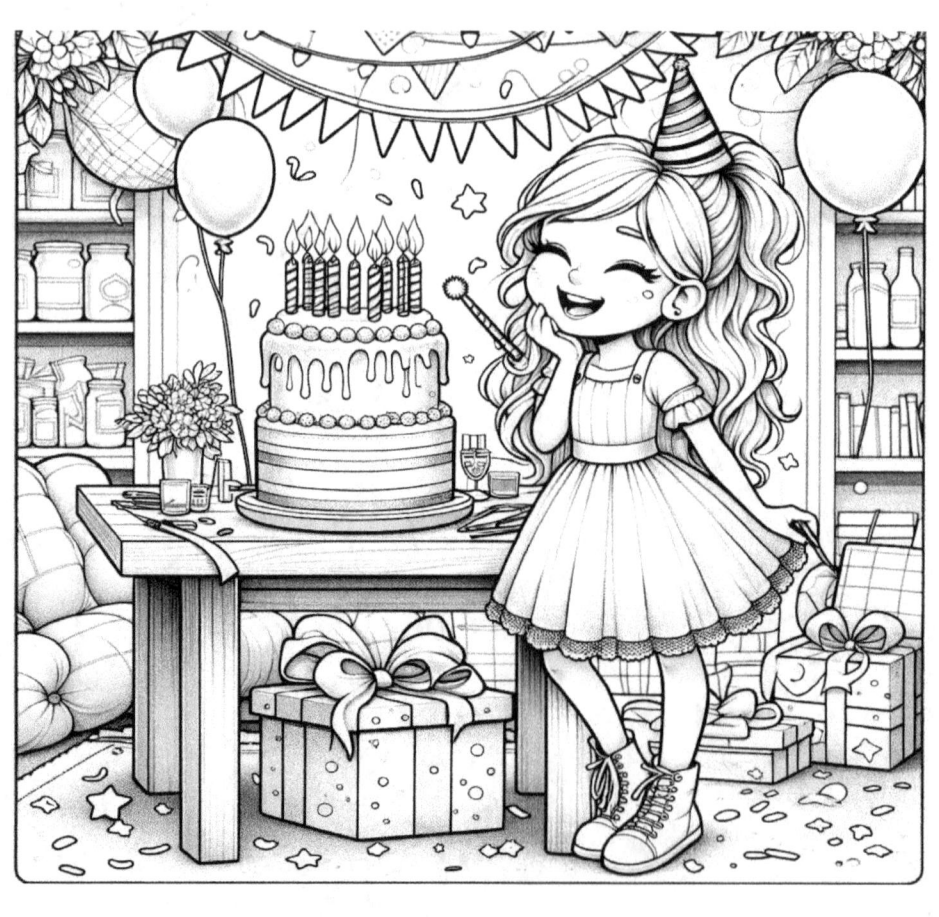

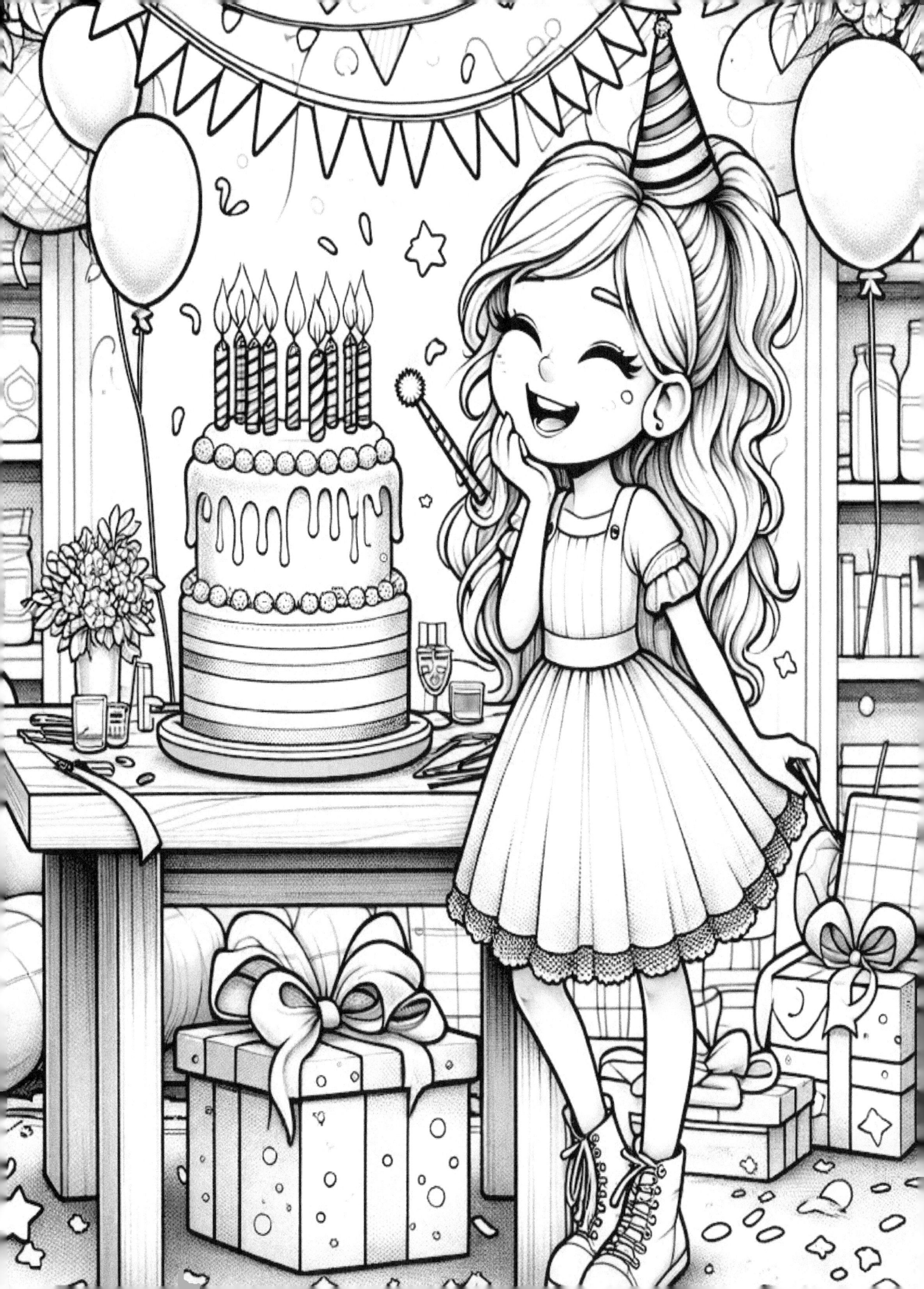

I AM HAPPY WITH WHO I AM

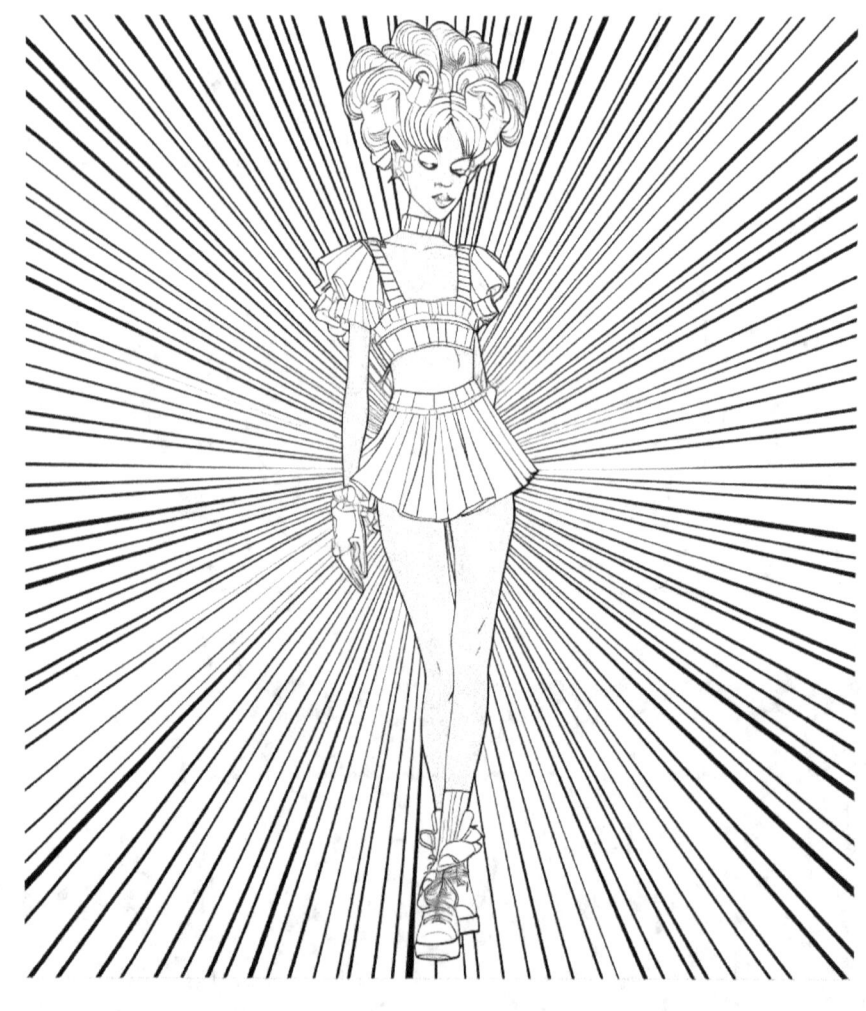

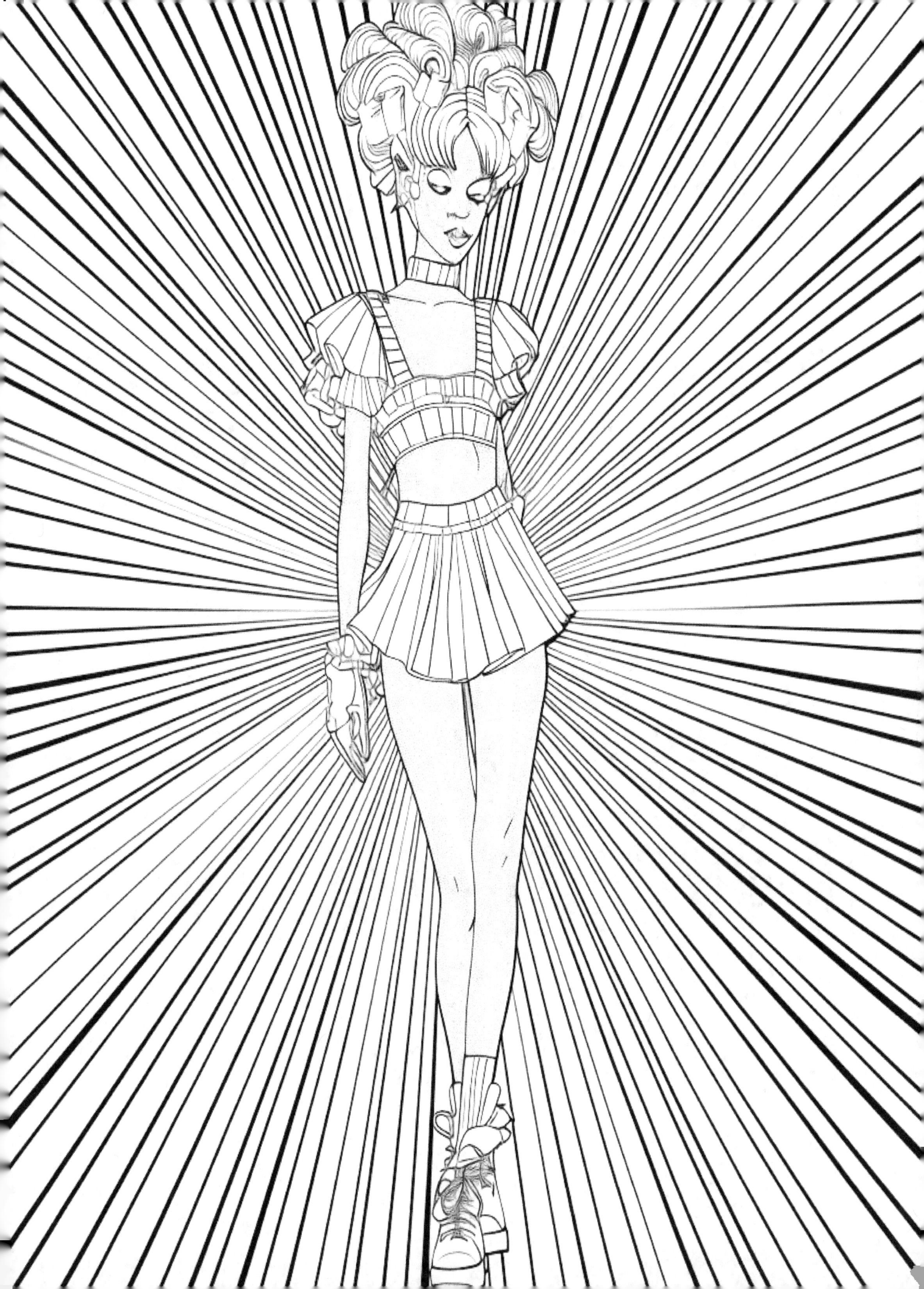

I AM A SUCCESS

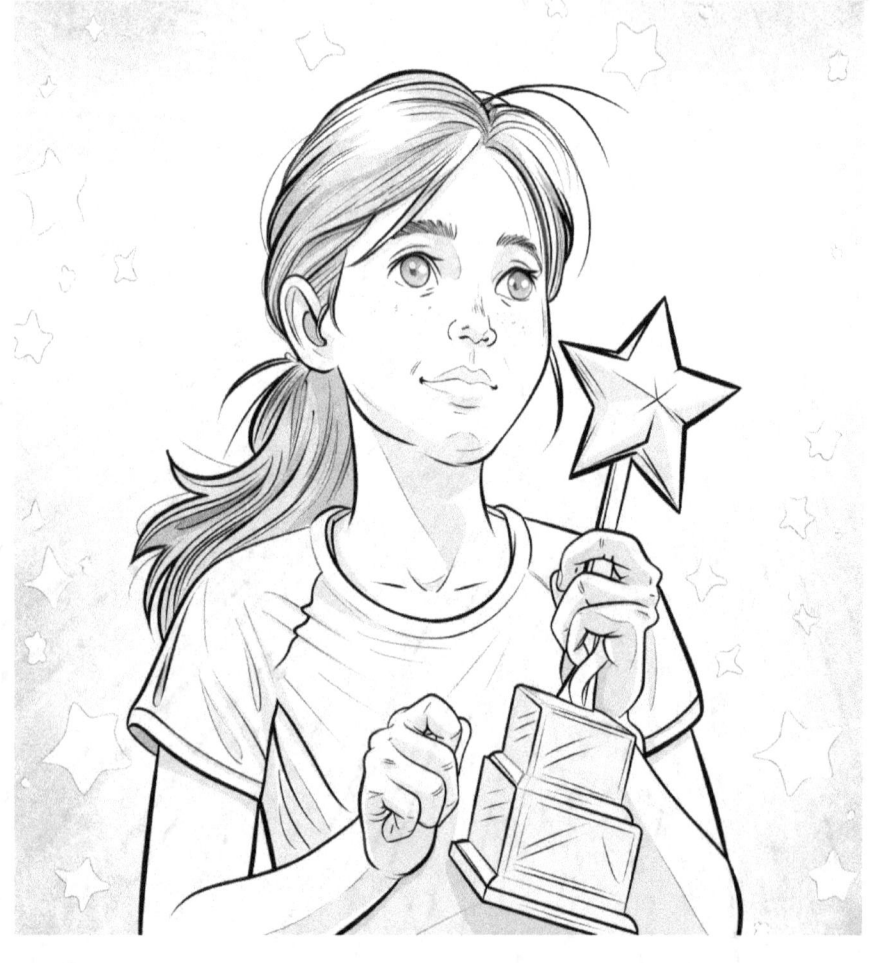

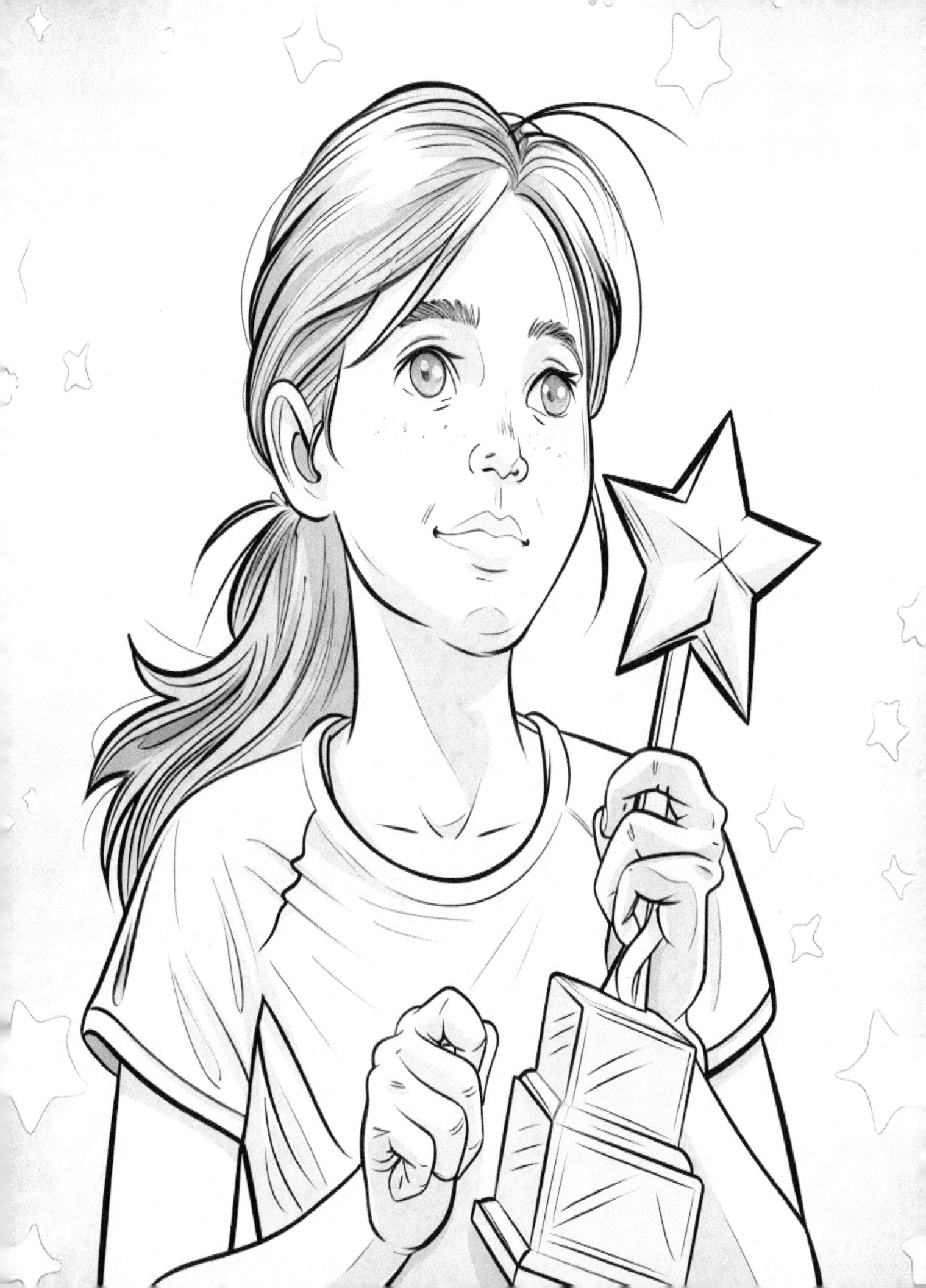

I LIVE FOR TODAY

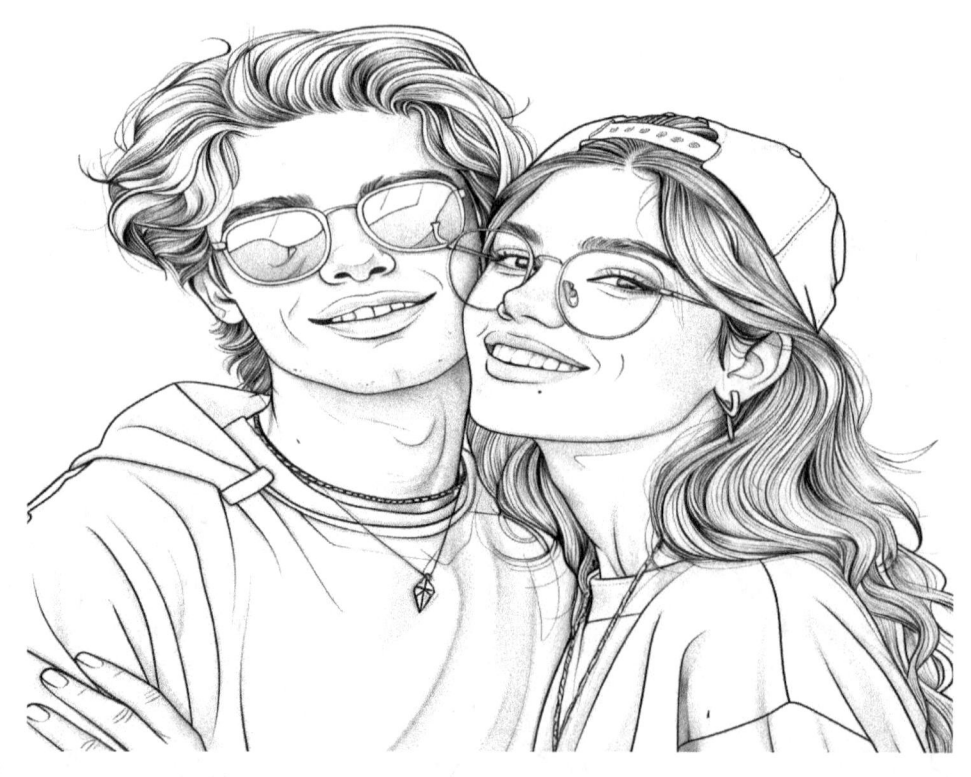

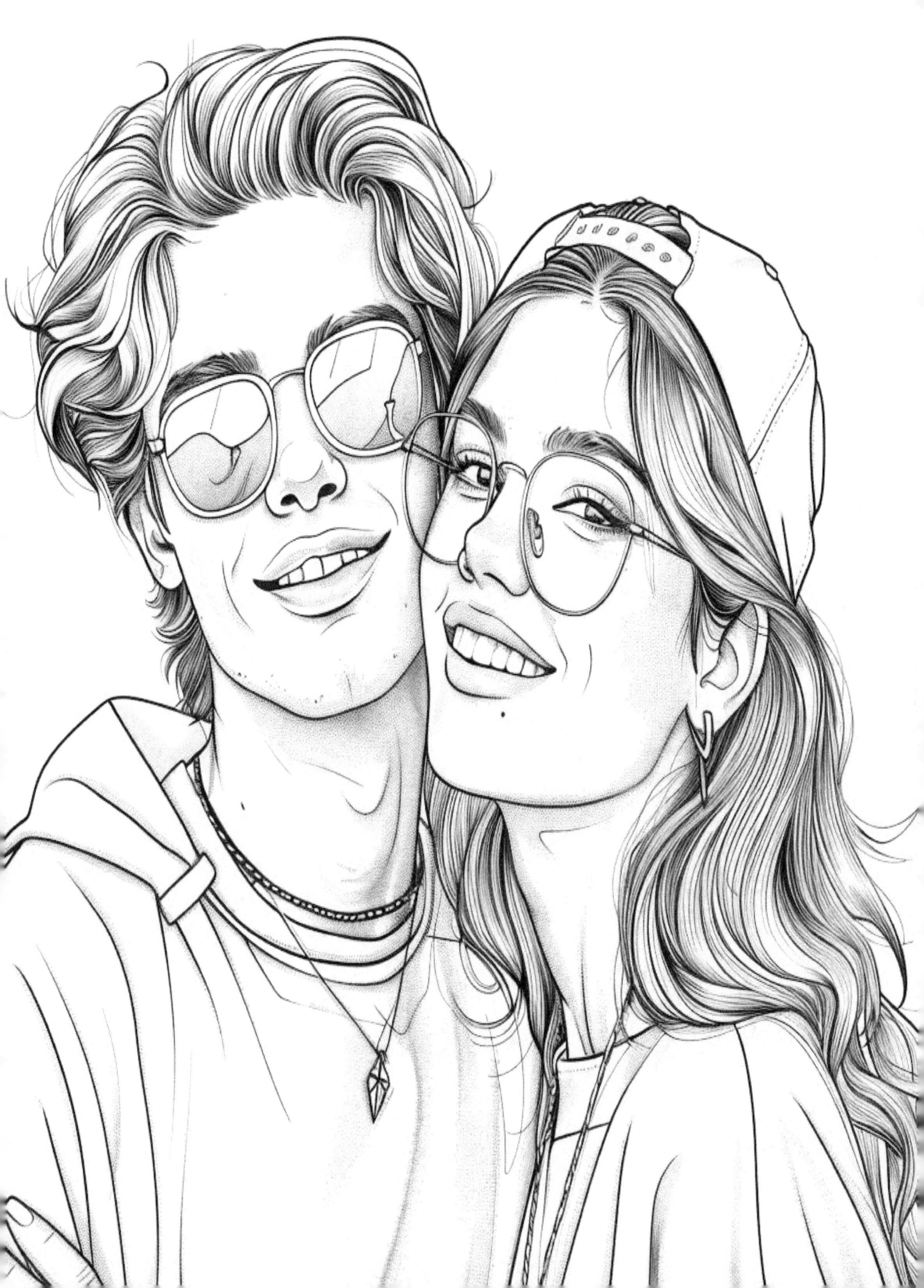

I AM THANKFUL FOR LIFE

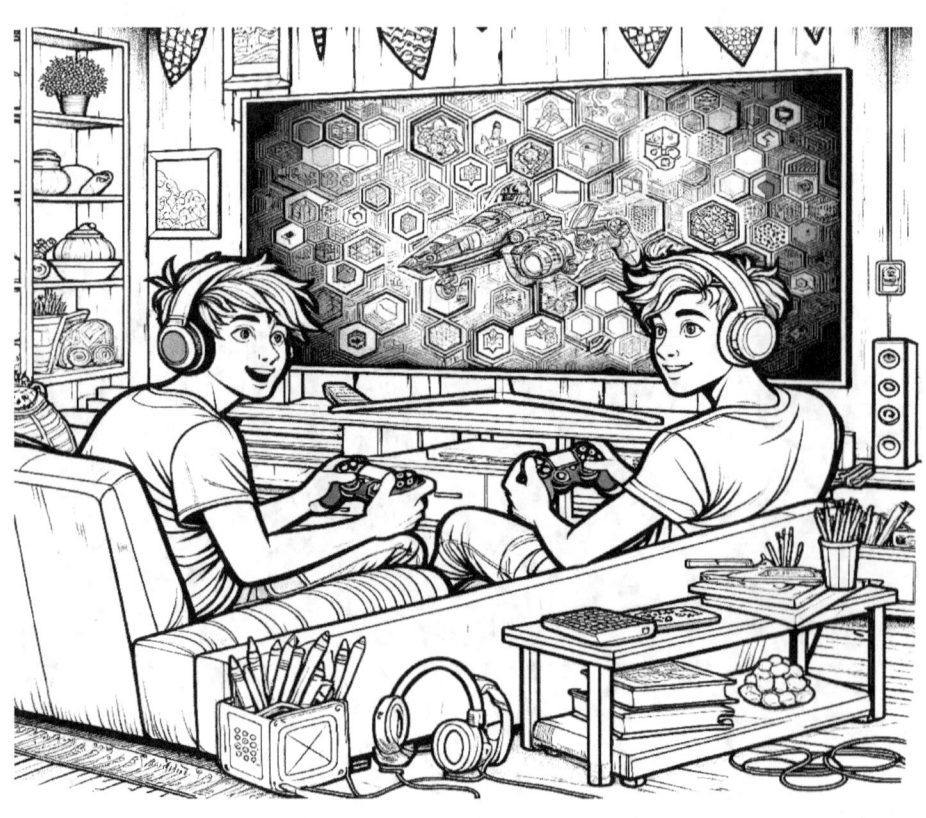

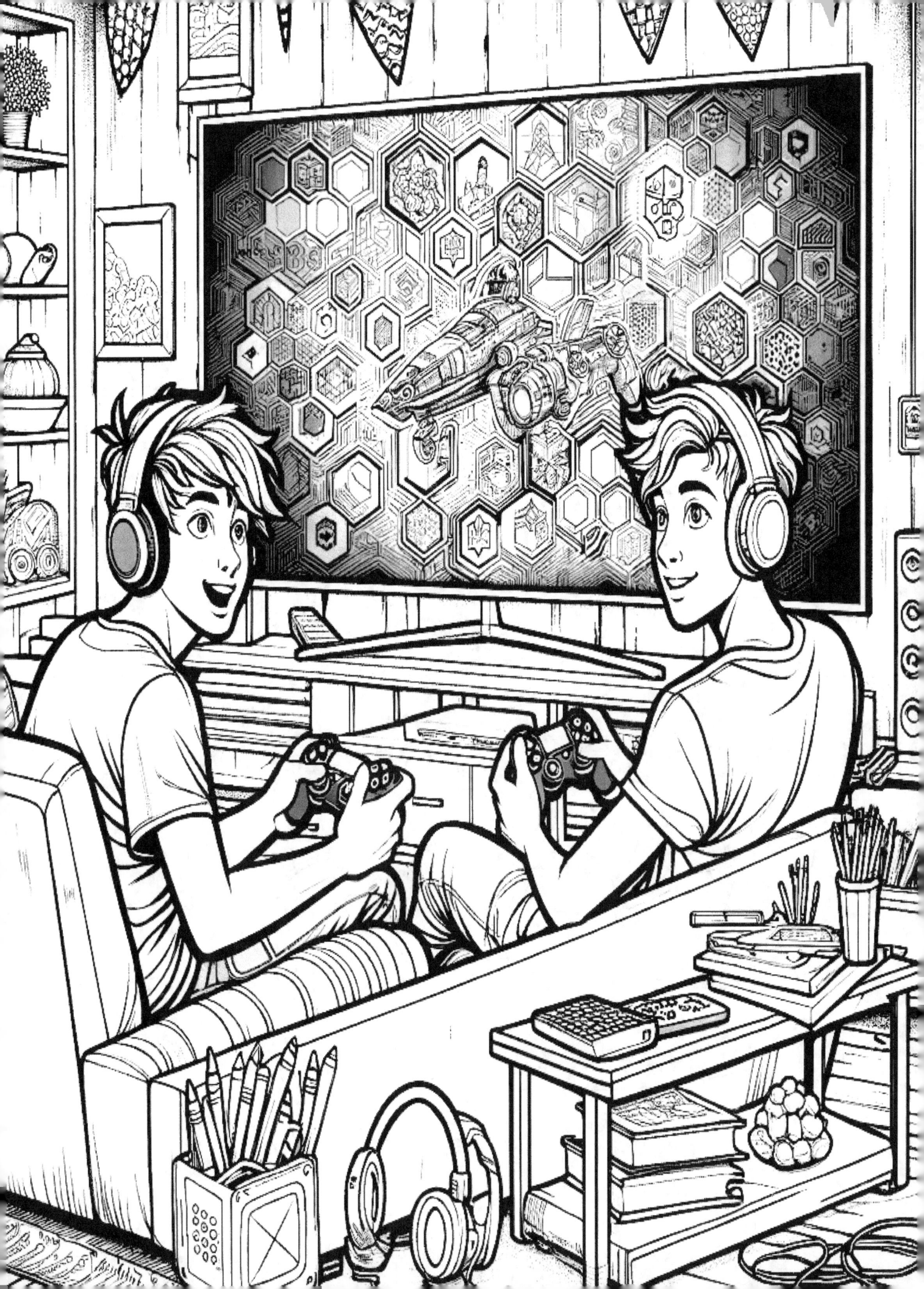

I WILL ALLOW PEACE TO FILL MY SOUL.

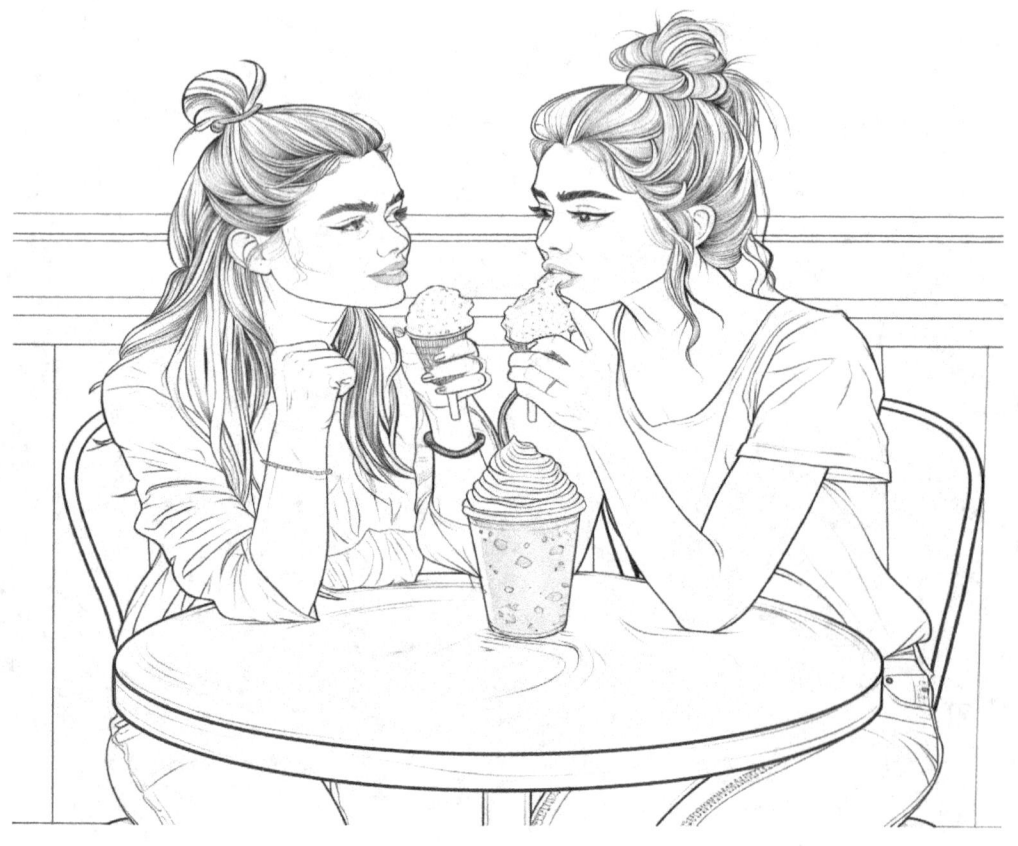

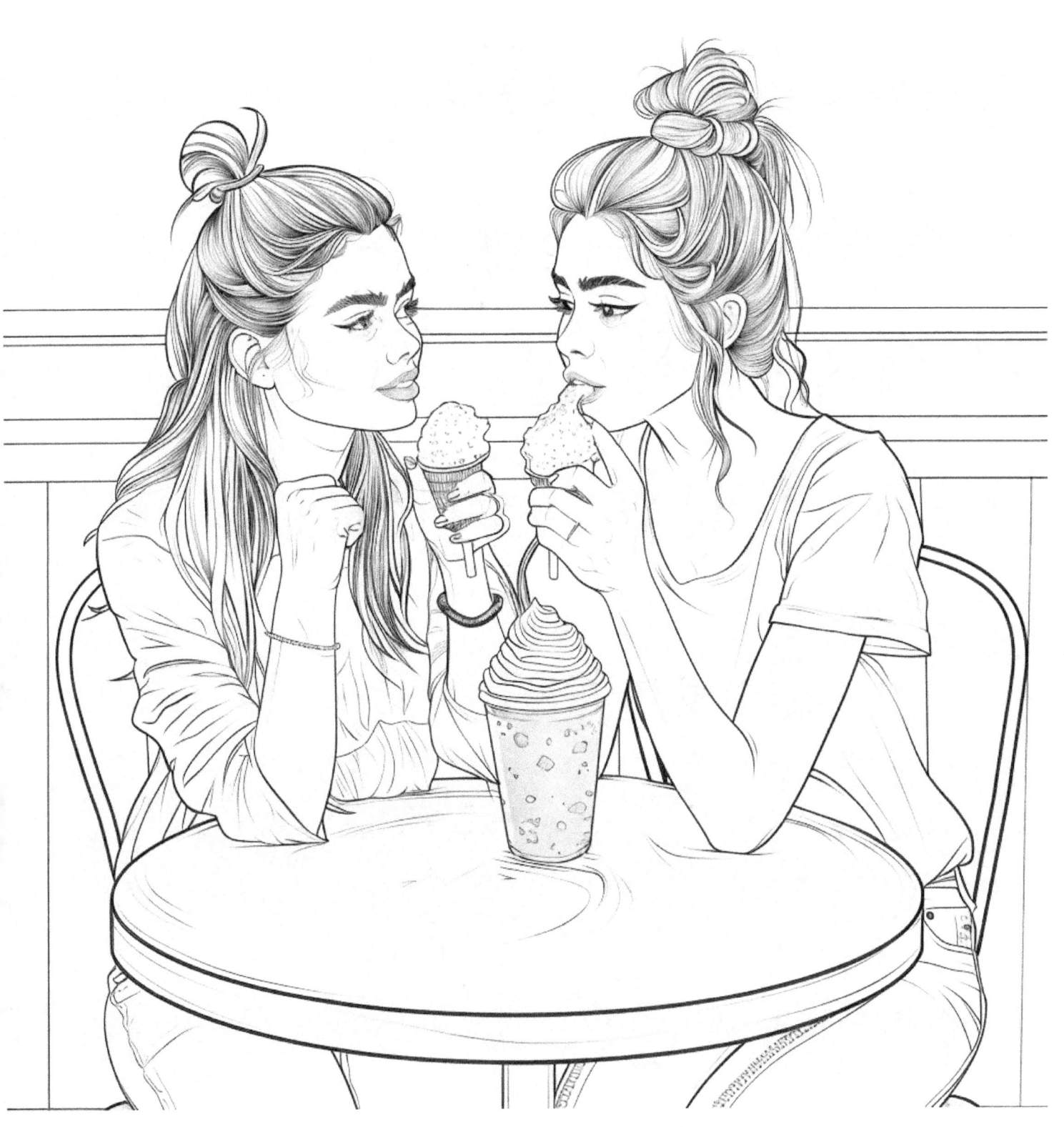

I Am Thankful For Friends

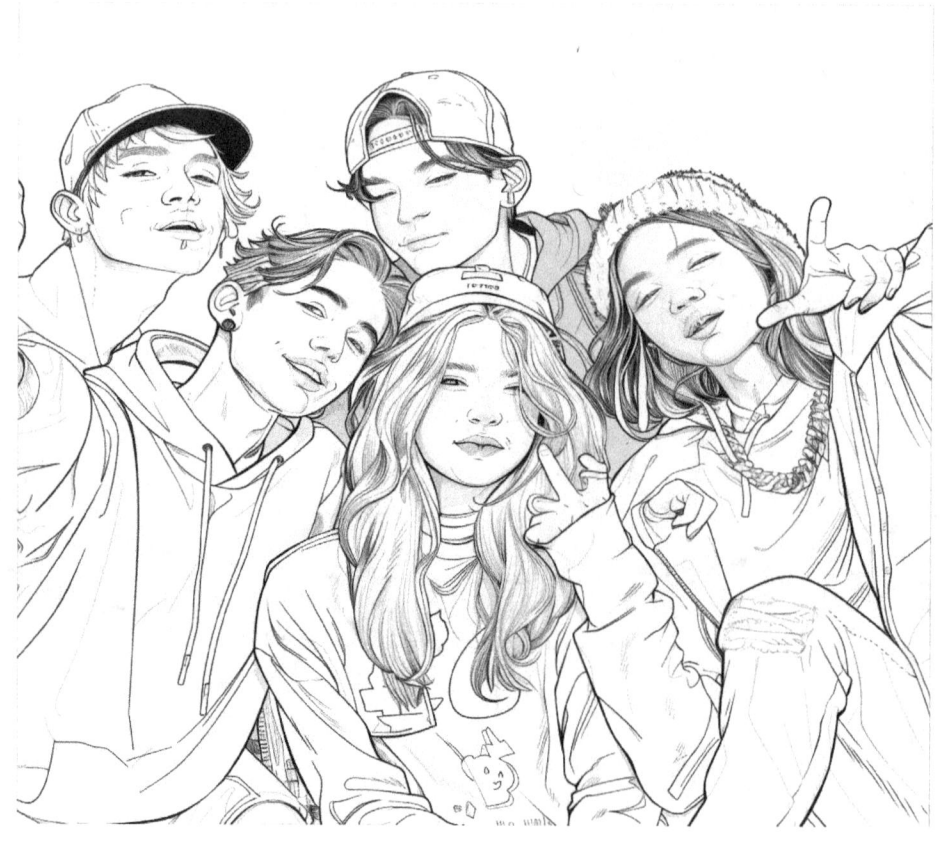

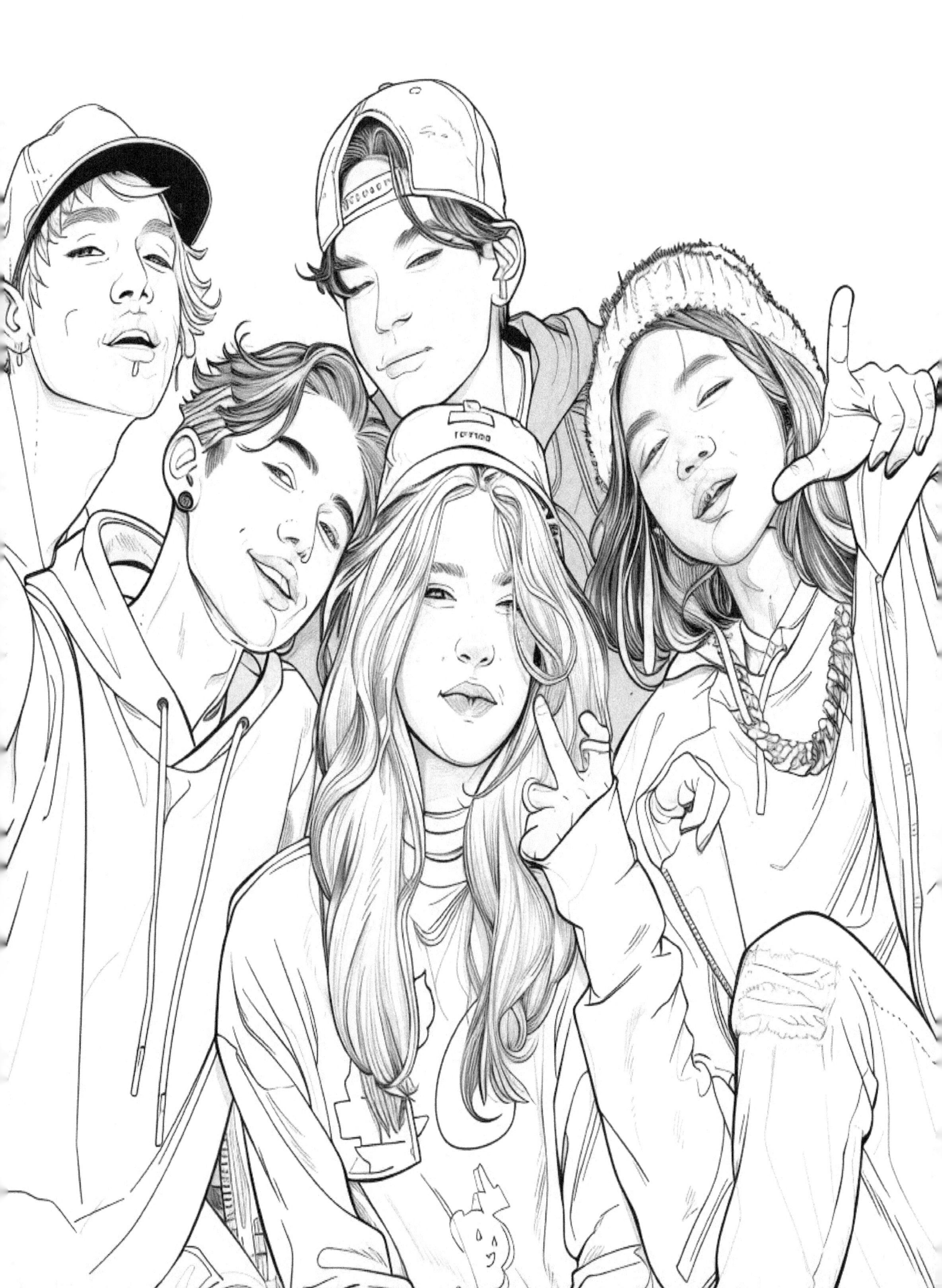

I CHOOSE TO BE BRAVE

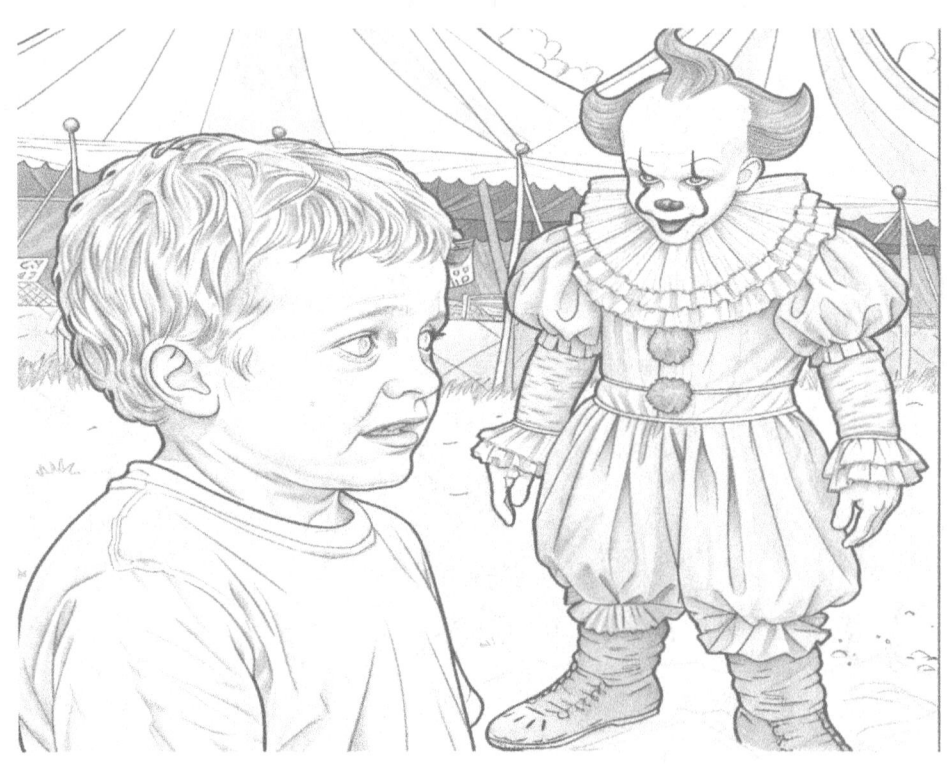

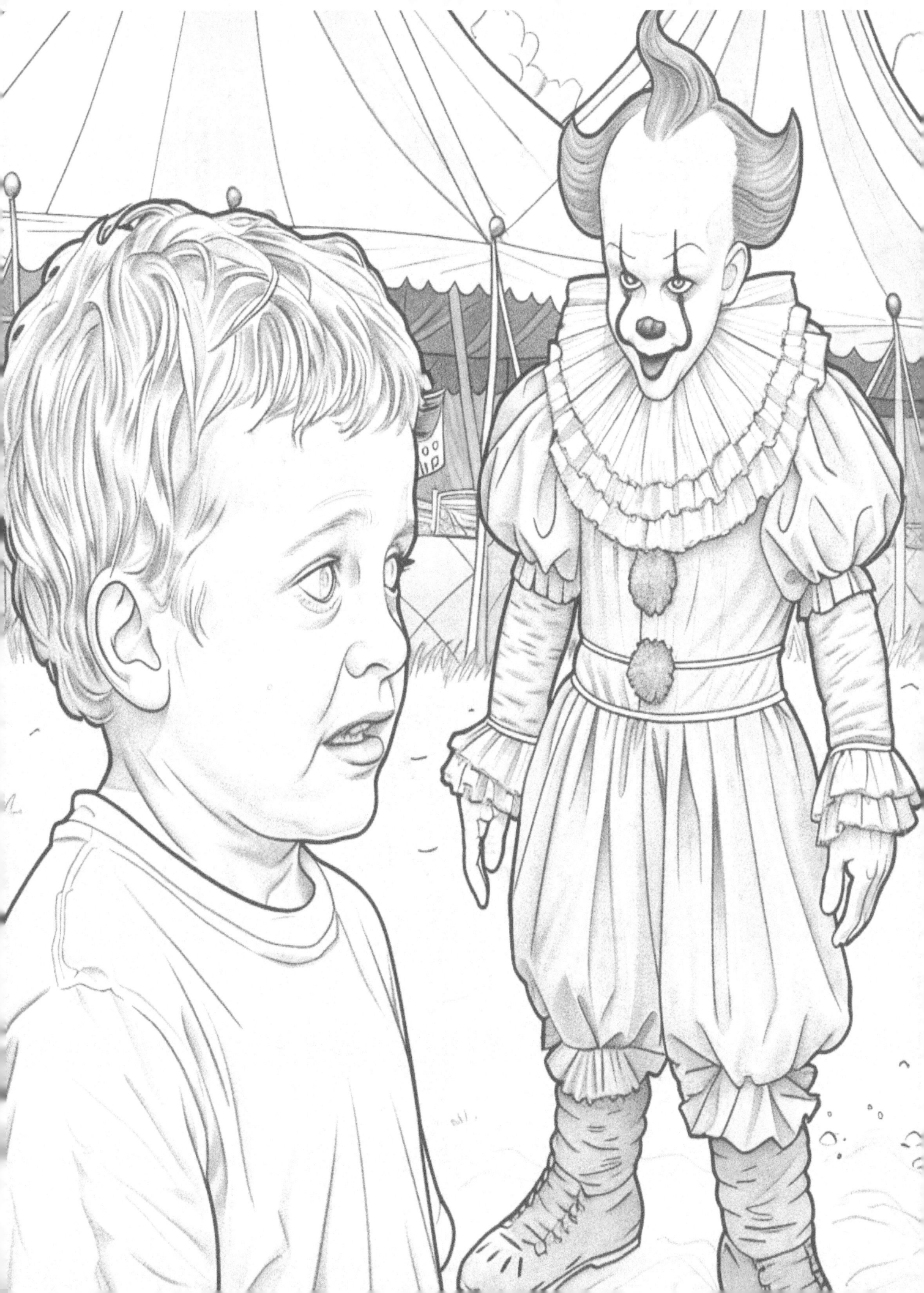

THE WORLD NEEDS ME

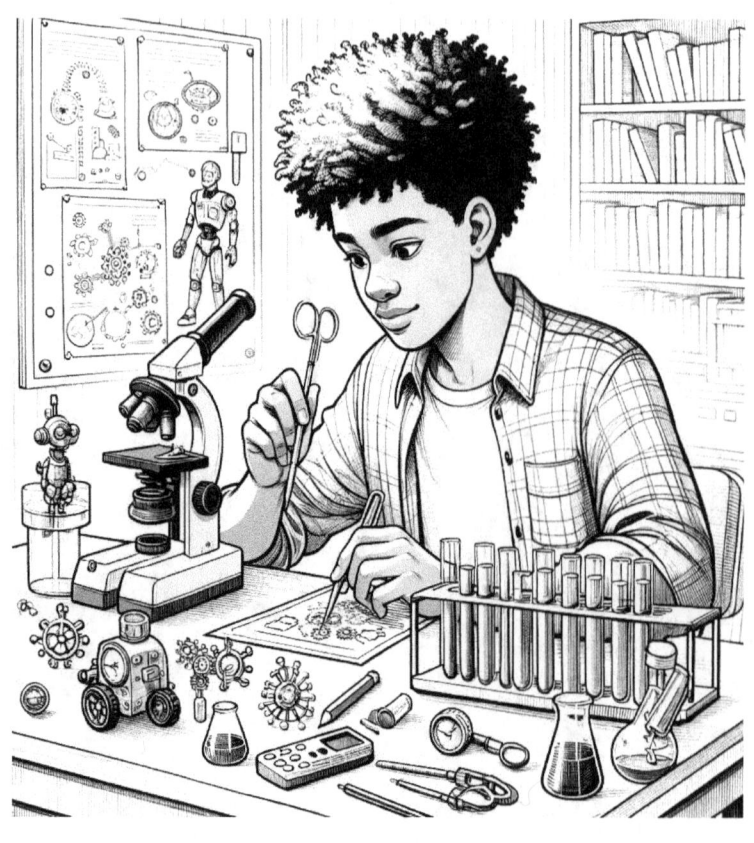

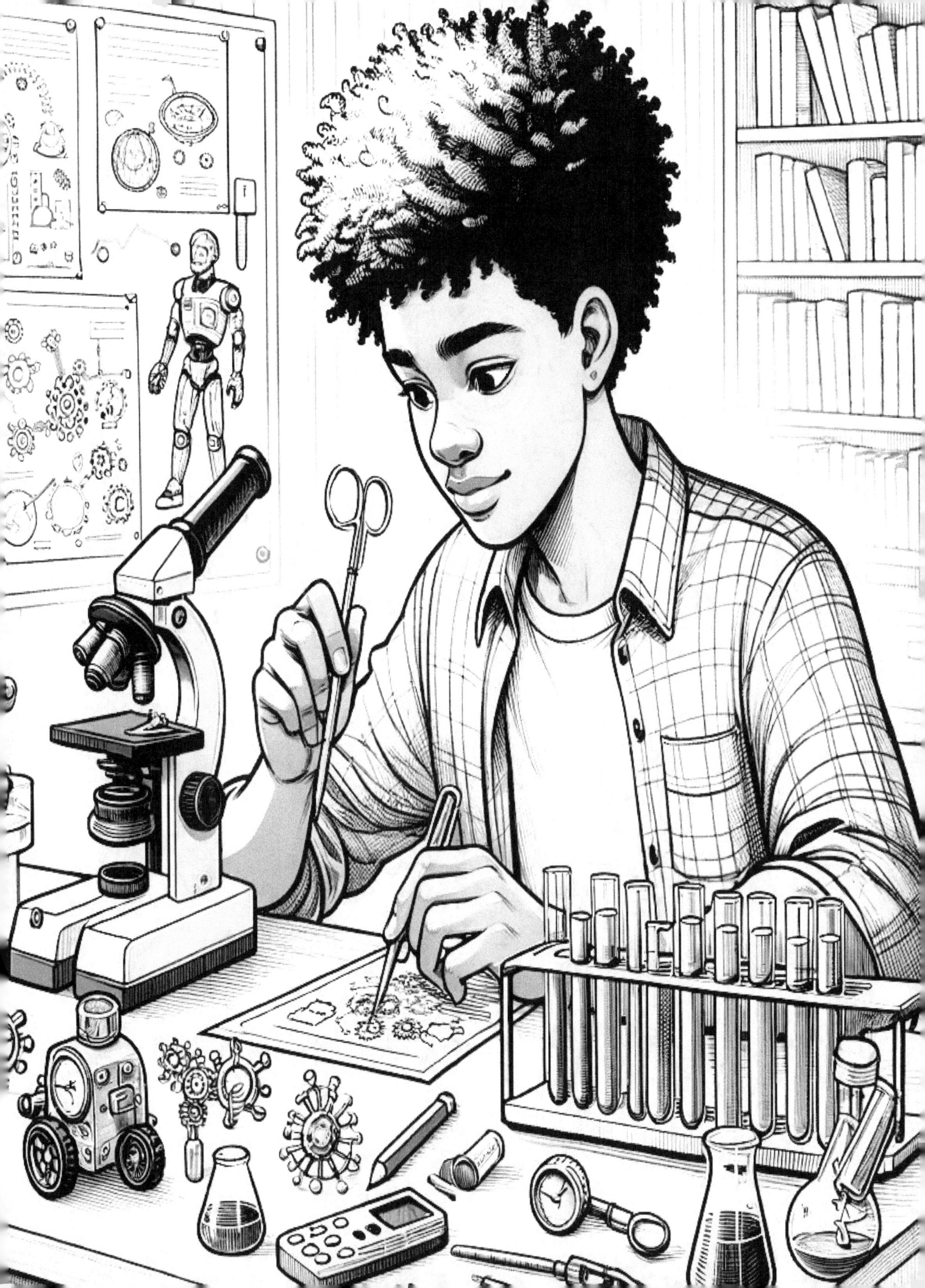

I CAN REACH MY GOALS

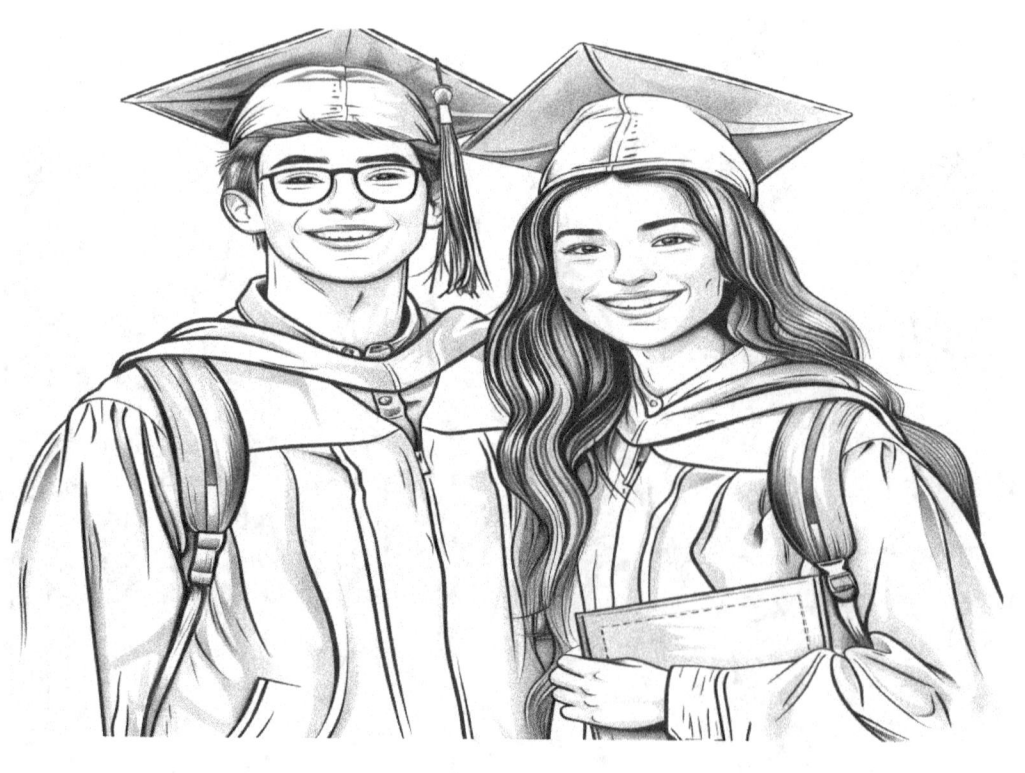

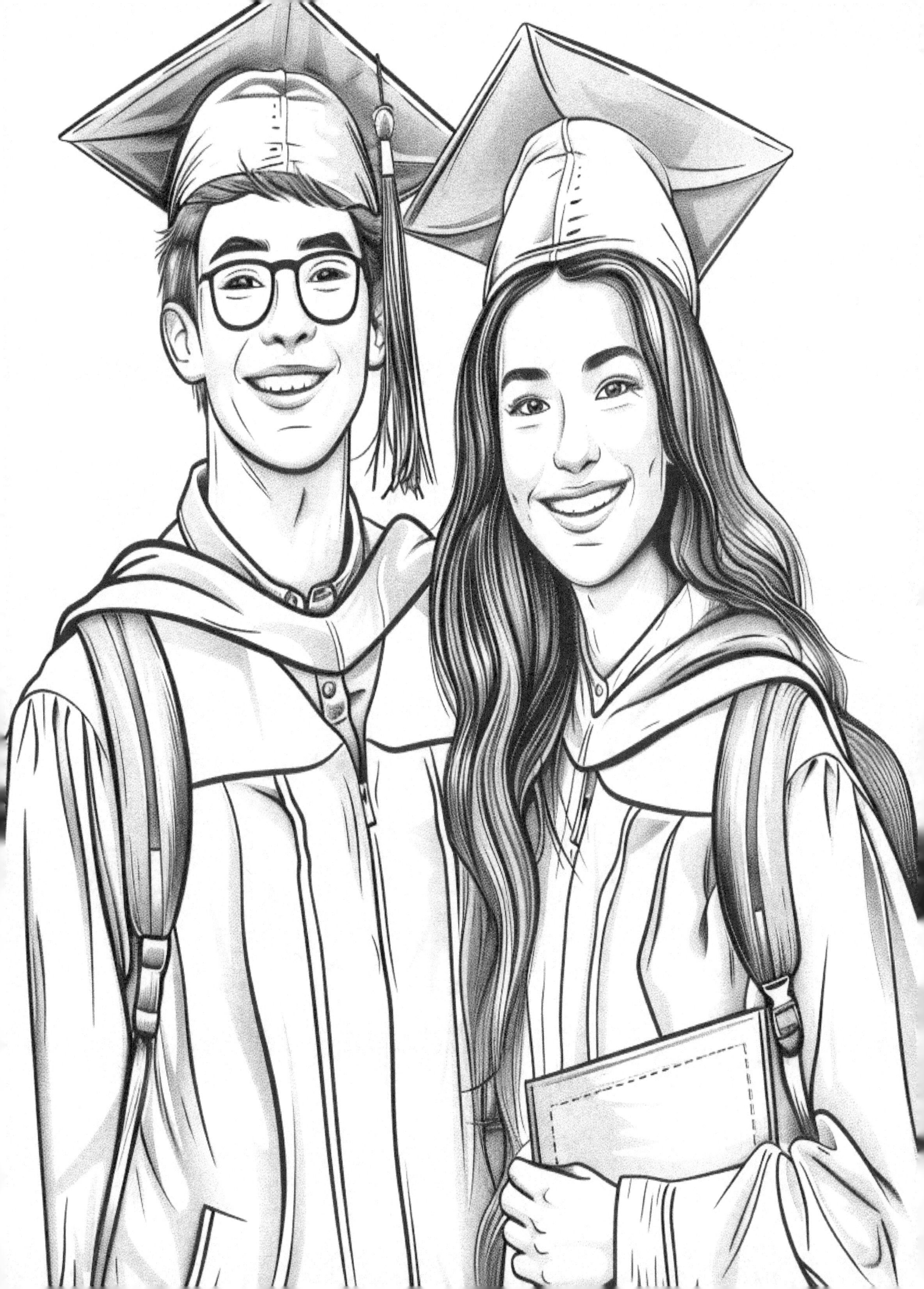

I DO WHAT MAKES ME HAPPY

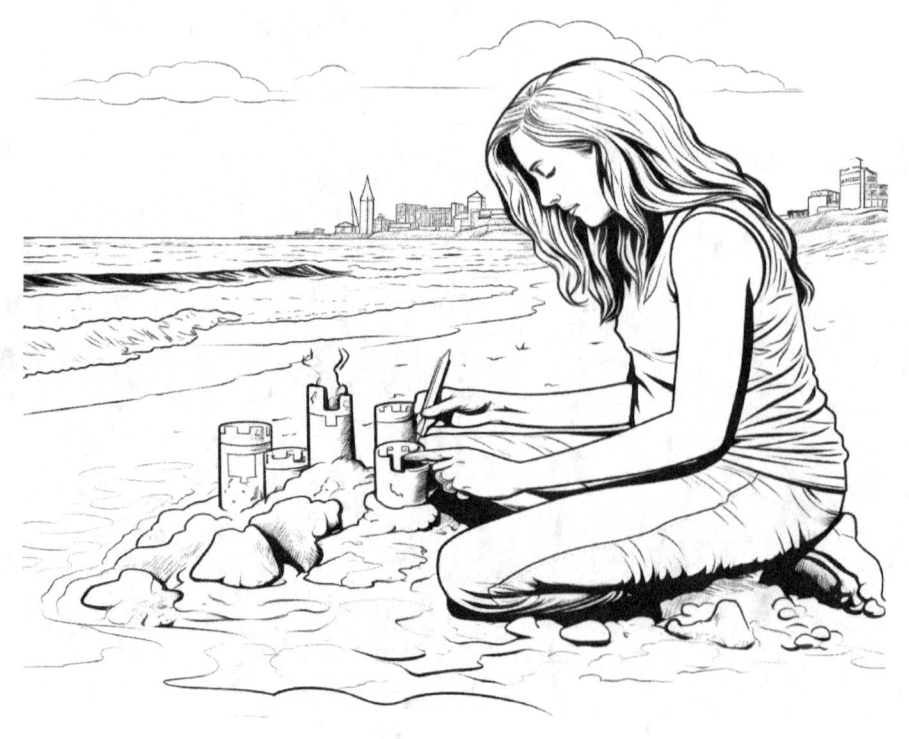

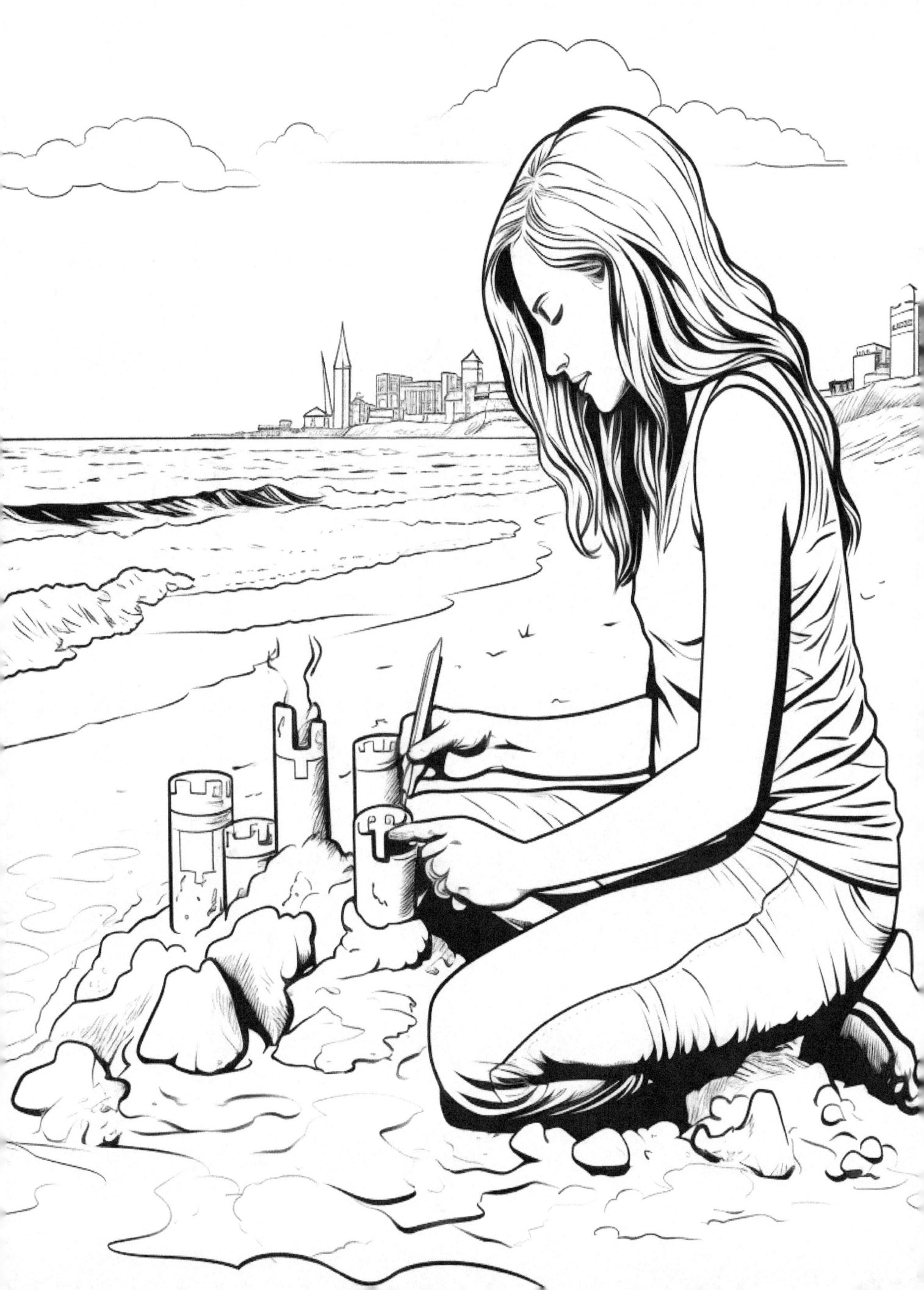

IM SURROUNDED BY POSITIVITY

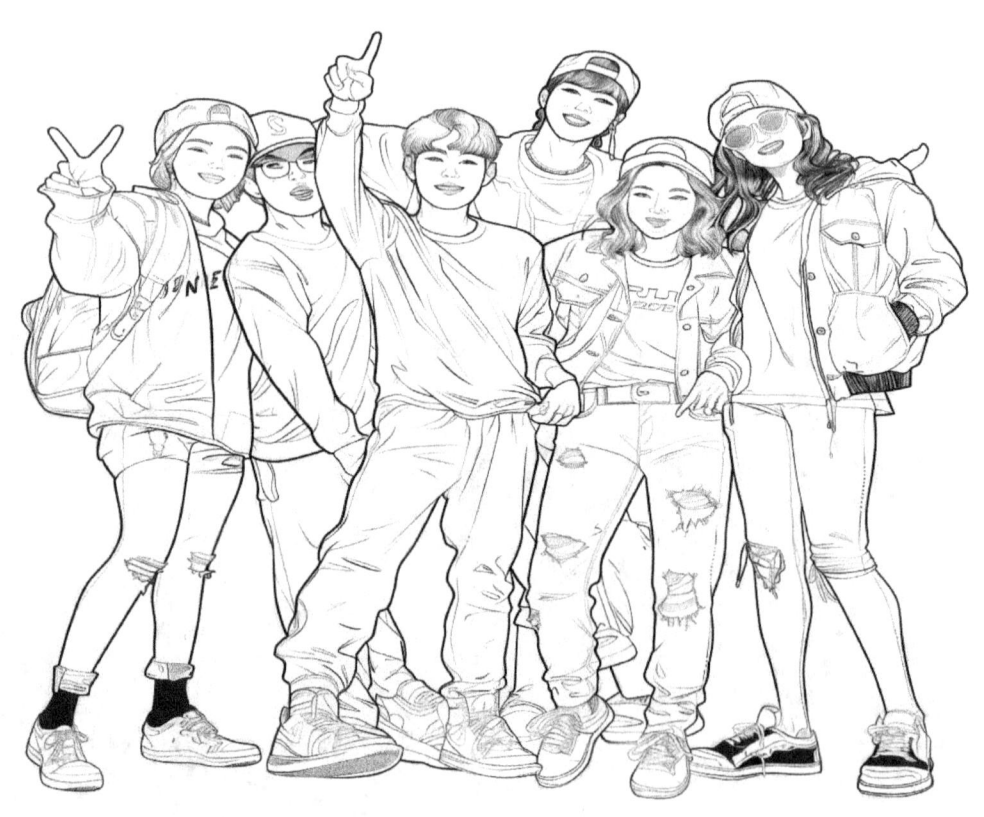

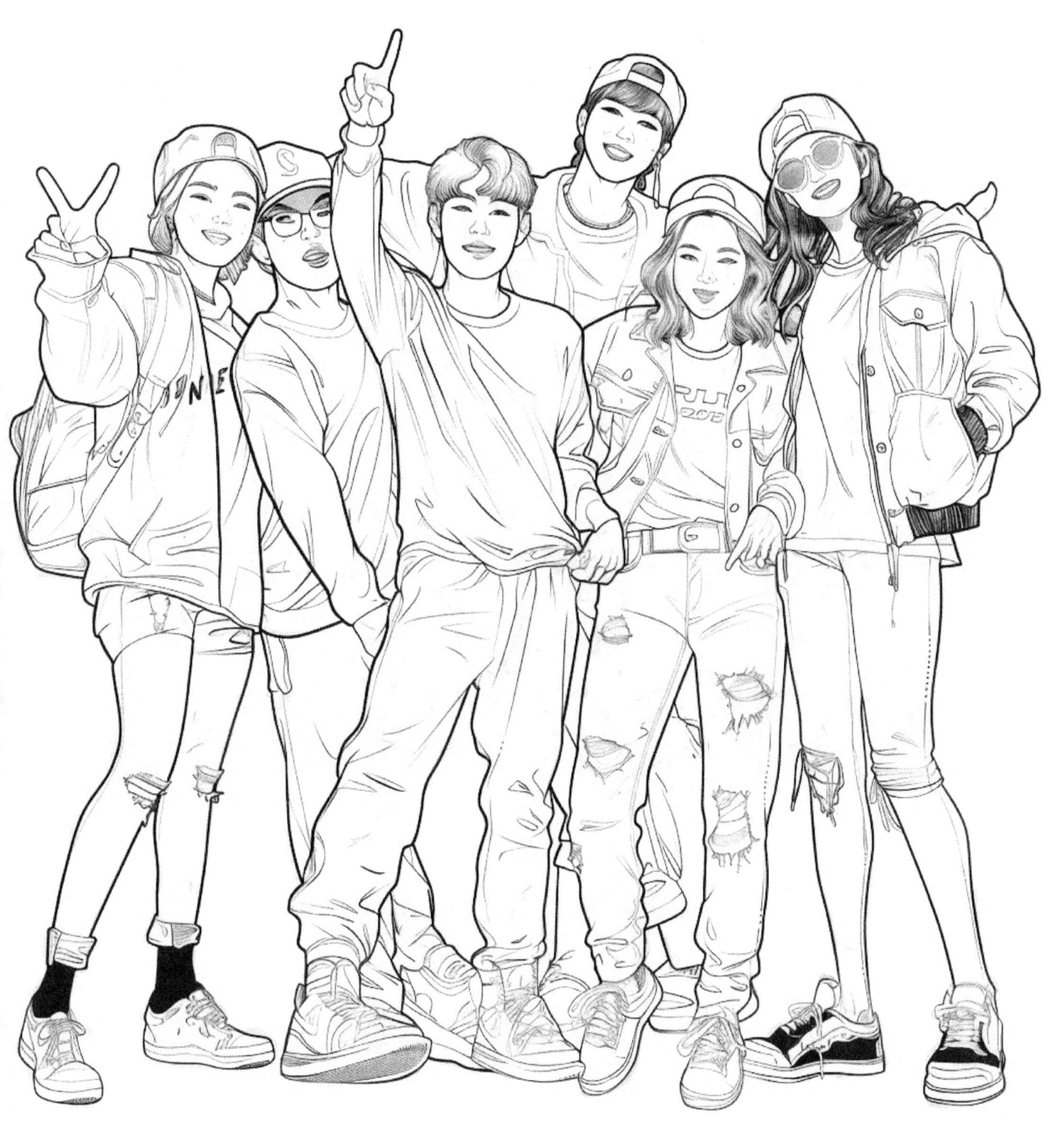

I AM LOVED

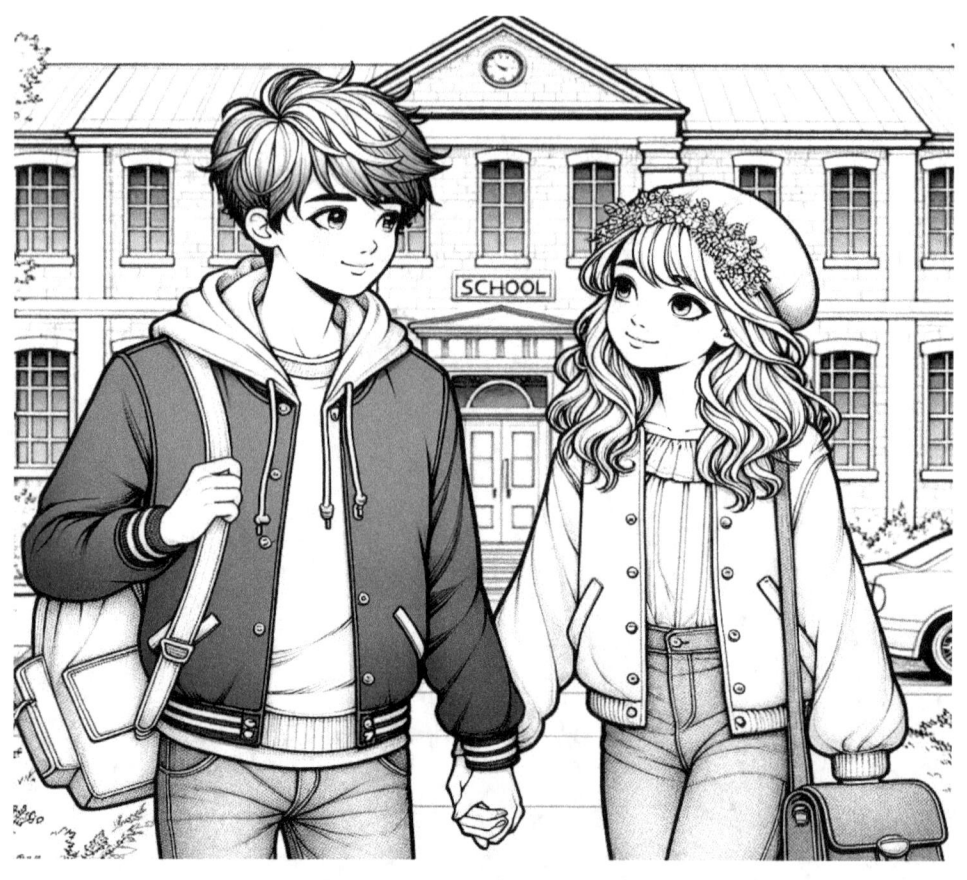

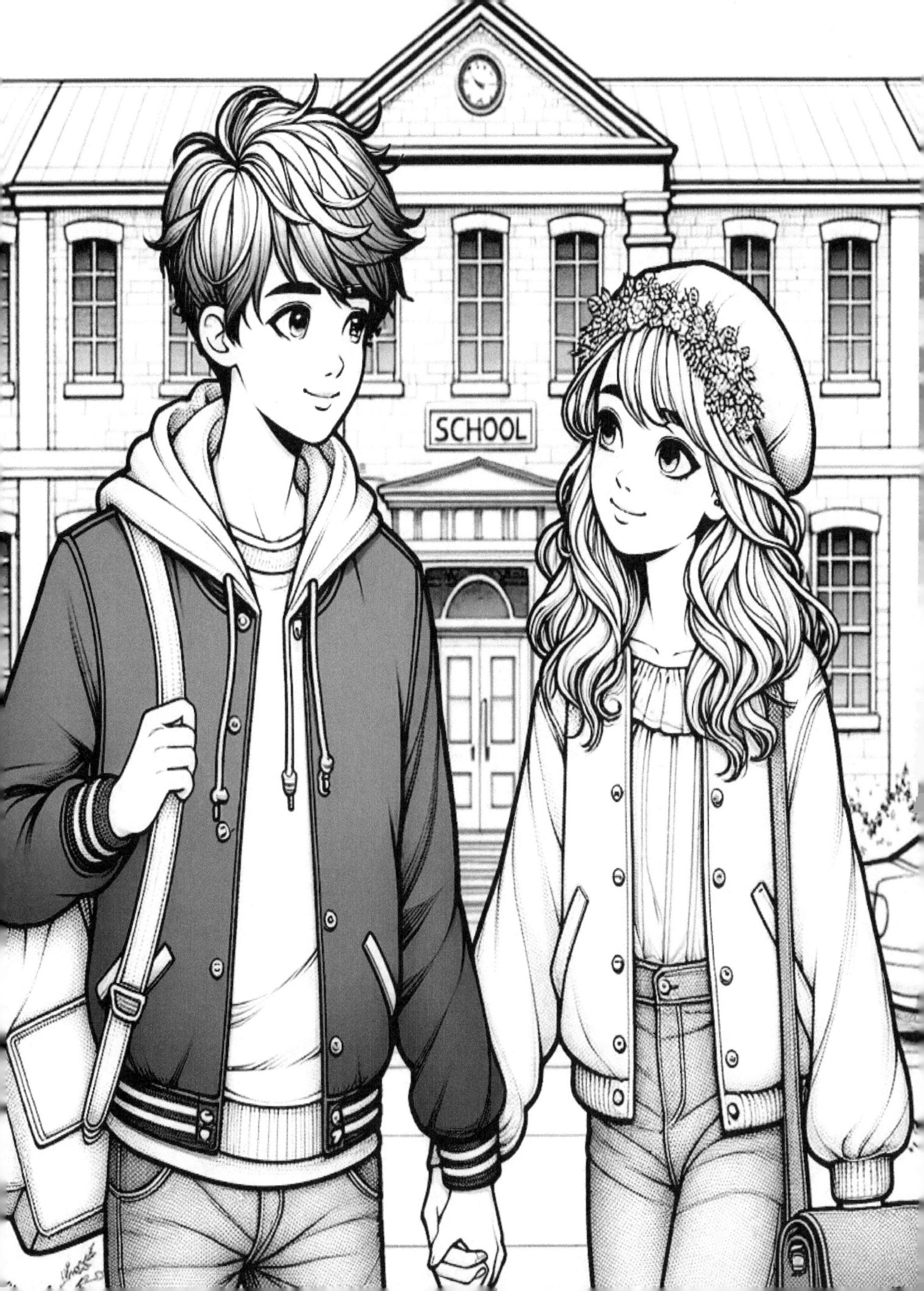

I LOVE WHO I AM

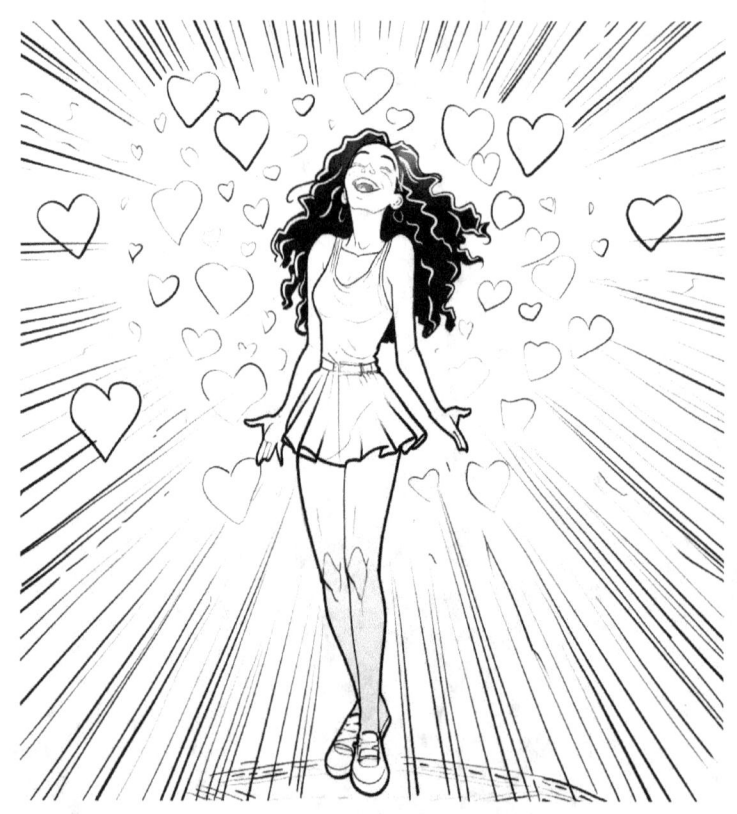

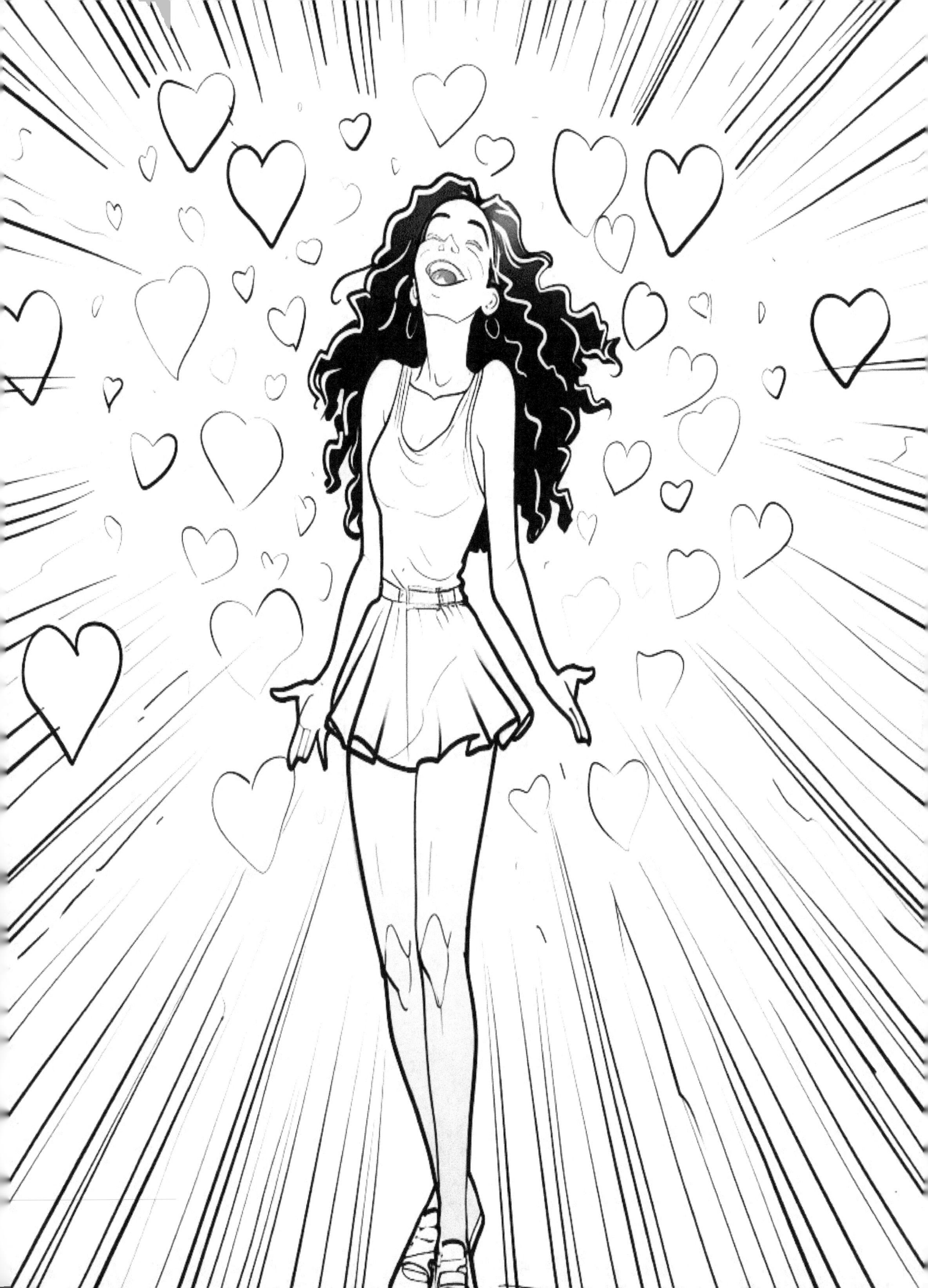

I Am Strong

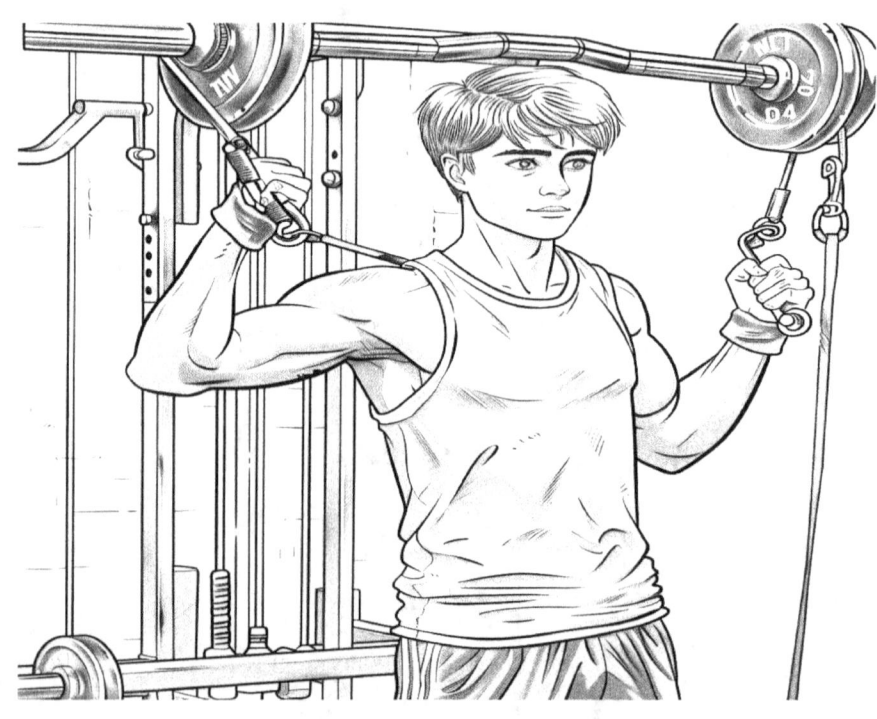

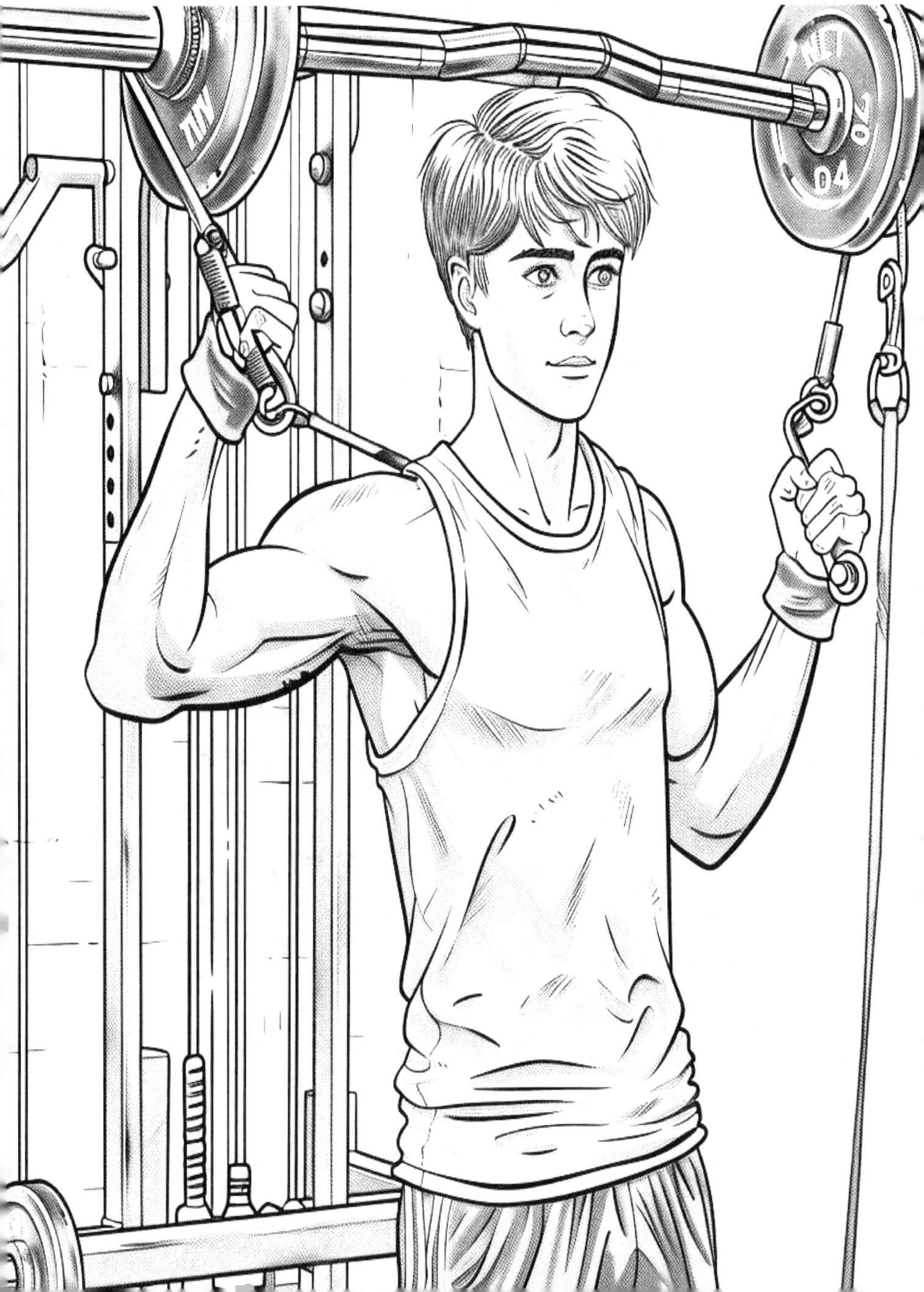

I AM A TEAM PLAYER

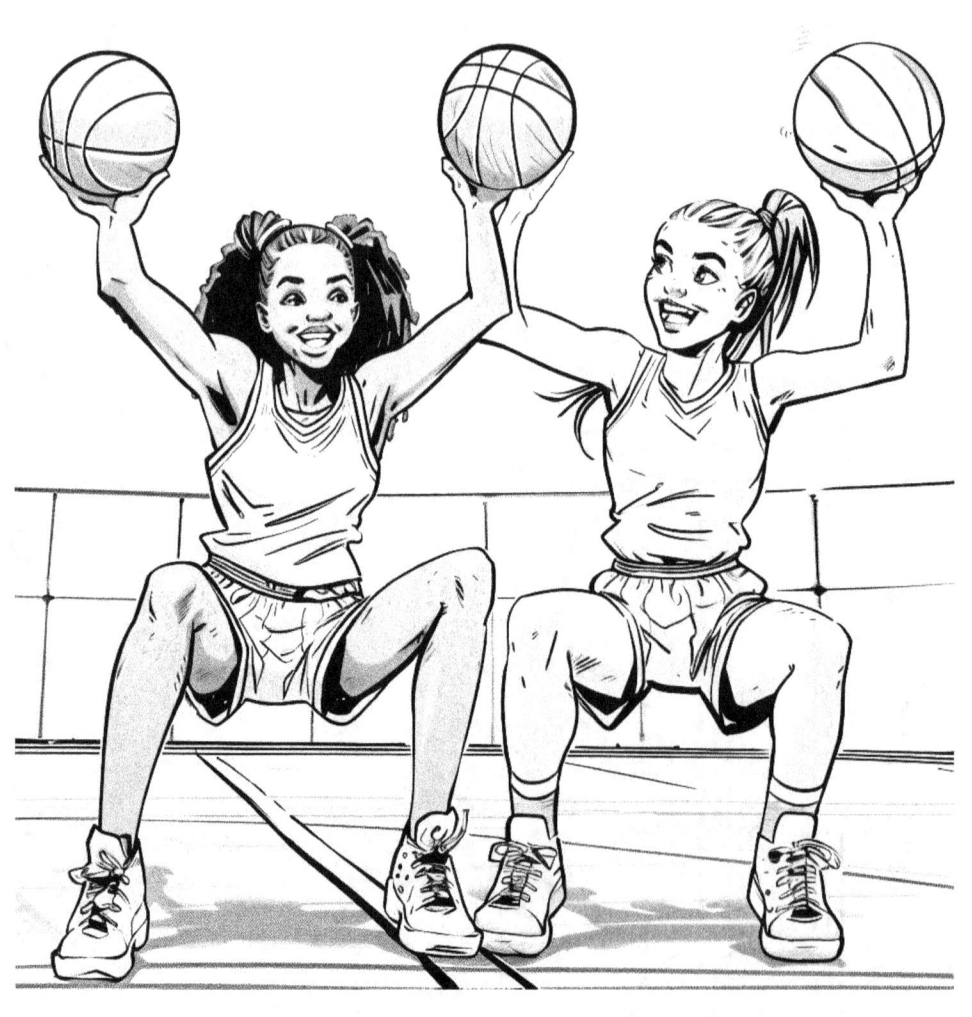

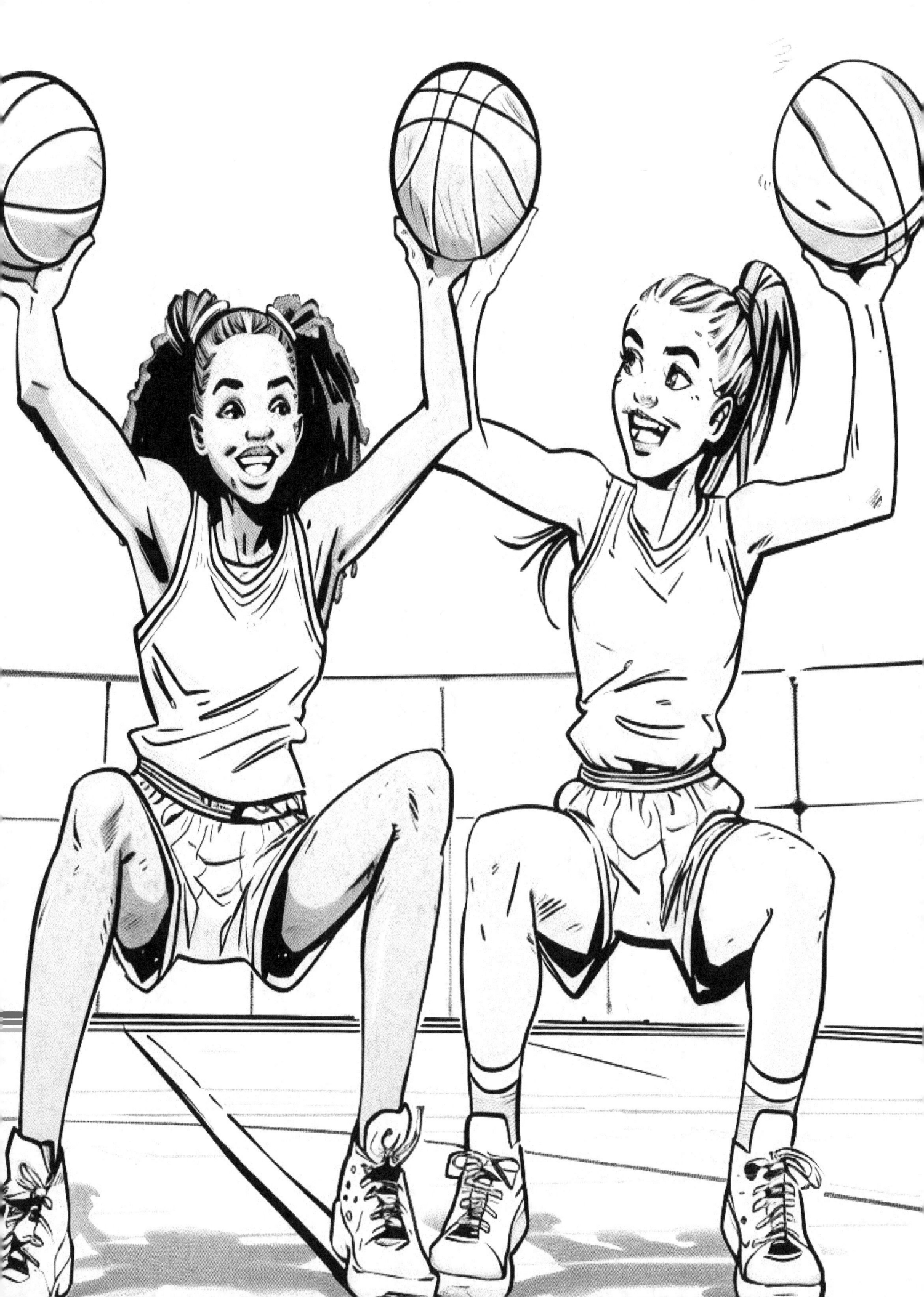

MY CONFIDENCE IS BEAUTIFUL

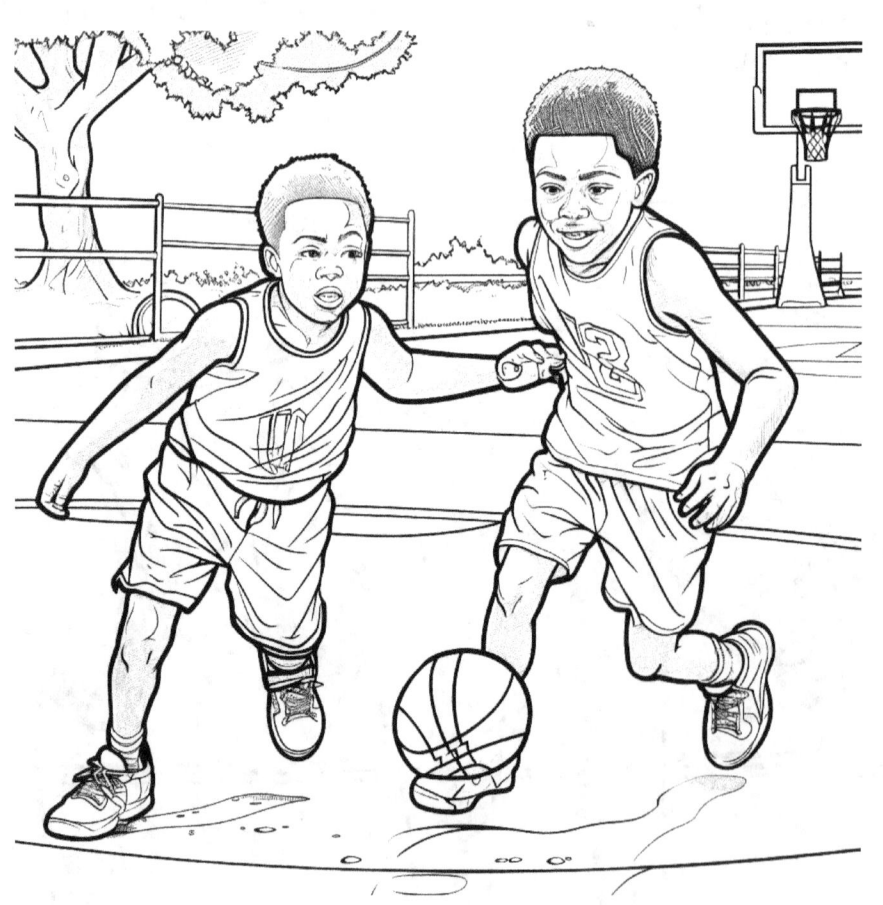

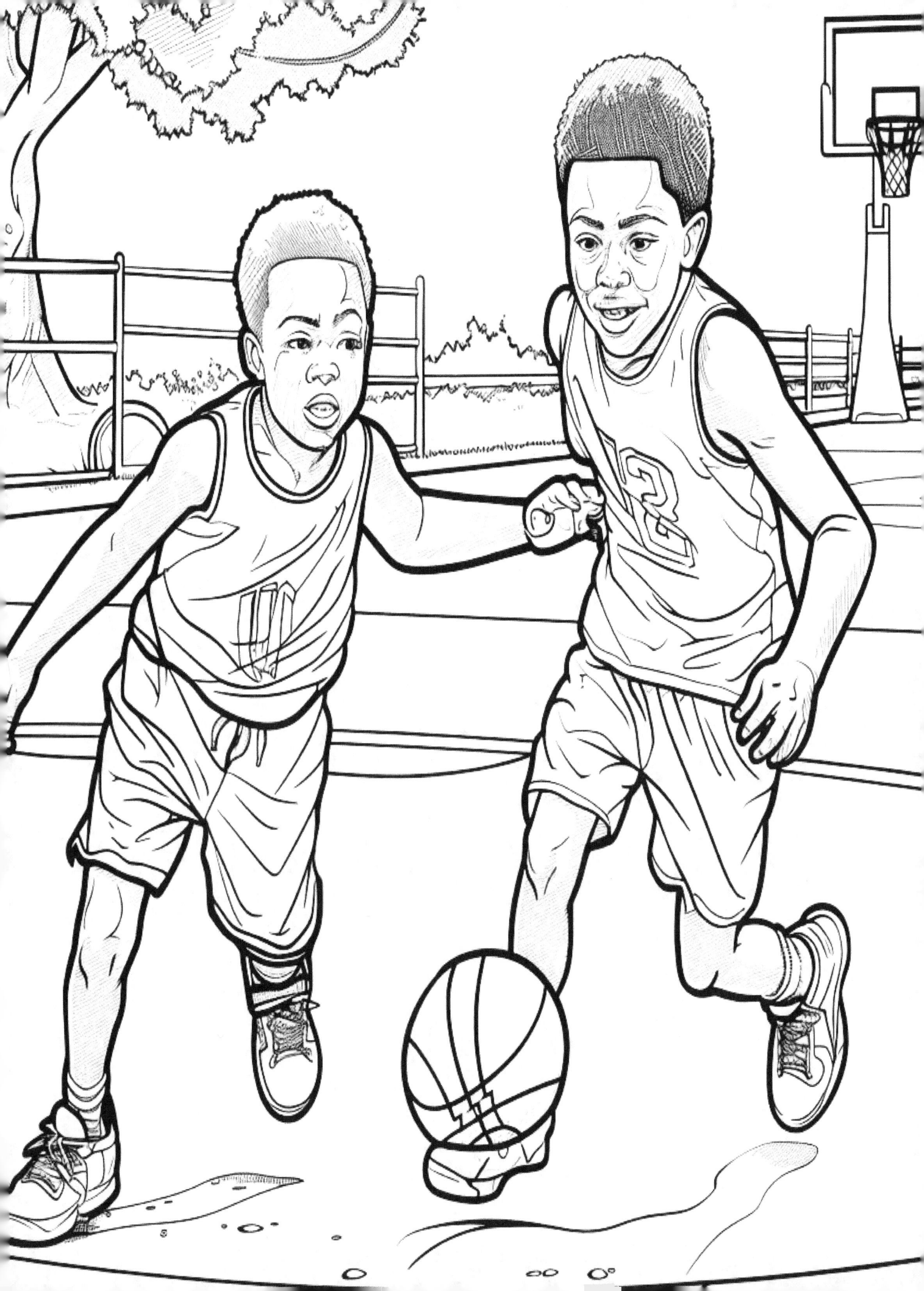